Indiska Smaker

Läckra Recept från Färgstarka Kryddor och Aromer

Priya Patel

Innehållsförteckning

Grönsaksbiffar 17
    Ingredienser 17
    metod 18
Grodda bönor Bhel 19
    Ingredienser 19
    Till garneringen: 19
    metod 20
Aloo Kachori 21
    Ingredienser 21
    metod 21
Diet Dosa 22
    Ingredienser 22
    metod 22
Nutrirulle 24
    Ingredienser 24
    metod 25
Sabudana Palak Doodhi Uttapam 26
    Ingredienser 26
    metod 27
Poha 28
    Ingredienser 28
    metod 29
grönsakskotlett 30

- Ingredienser 30
  - metod 31
- Sojabönor Uppit 32
  - Ingredienser 32
  - metod 33
- Hoppsan 34
  - Ingredienser 34
  - metod 35
- Vermicelli Hoppsan 36
  - Ingredienser 36
  - metod 37
- bonda 38
  - Ingredienser 38
  - metod 39
- Instant Dhokla 40
  - Ingredienser 40
  - metod 41
- Dal Maharani 42
  - Ingredienser 42
  - metod 43
- Milagu Kuzhambu 44
  - Ingredienser 44
  - metod 45
- Dhal Hariyali 46
  - Ingredienser 46
  - metod 47
- Dhalcha 48

- Ingredienser ... 48
- metod ... 49
- Tarkari Dhalcha ... 50
  - Ingredienser ... 50
  - metod ... 51
- Dhokar Dhalna ... 52
  - Ingredienser ... 52
  - metod ... 53
- Varan ... 54
  - Ingredienser ... 54
  - metod ... 54
- söt dhal ... 55
  - Ingredienser ... 55
  - metod ... 56
- Söt och sur dhal ... 57
  - Ingredienser ... 57
  - metod ... 58
- Mung-ni-Dhal ... 59
  - Ingredienser ... 59
  - metod ... 60
- Dhal med lök & kokos ... 61
  - Ingredienser ... 61
  - metod ... 62
- Dahi Kadhi ... 63
  - Ingredienser ... 63
  - metod ... 64
- spenat dhal ... 65

Ingredienser 65

metod 66

Tawker Dal 67

Ingredienser 67

metod 68

Enkel dhal 69

Ingredienser 69

metod 70

Maa-ki-Dhal 71

Ingredienser 71

metod 72

Dhansak 73

Ingredienser 73

För dhal-blandningen: 73

metod 74

Masoor Dhal 75

Ingredienser 75

metod 75

Panchemel Dhal 76

Ingredienser 76

metod 77

Cholar Dhal 78

Ingredienser 78

metod 79

Dilpasand Dhal 80

Ingredienser 80

metod 81

Dal Masoor 82
   Ingredienser 82
   metod 83
Dal med aubergine 84
   Ingredienser 84
   metod 85
Gul dhal tadka 86
   Ingredienser 86
   metod 86
Rasam 87
   Ingredienser 87
   För kryddblandningen: 87
   metod 88
Vanlig mung dhal 89
   Ingredienser 89
   metod 89
Hel grön mung 90
   Ingredienser 90
   metod 91
Dahi Kadhi med Pakoras 92
   Ingredienser 92
   För kadhi: 92
   metod 93
Söt omogen mango dhal 94
   Ingredienser 94
   metod 95
Malai dhal 96

- Ingredienser 96
  - metod 97
- Sambhar 98
  - Ingredienser 98
  - Till smaksättningen: 98
  - metod 99
- Tre Dhals 100
  - Ingredienser 100
  - metod 101
- Methi trumstick sambhar 102
  - Ingredienser 102
  - metod 103
- Dal Shorba 104
  - Ingredienser 104
  - metod 104
- Smaskig mung 105
  - Ingredienser 105
  - metod 106
- Masala Toor Dhal 107
  - Ingredienser 107
  - metod 108
- Torr gul Mung Dhal 109
  - Ingredienser 109
  - metod 109
- hela urad 110
  - Ingredienser 110
  - metod 111

Dal Fry 112
    Ingredienser 112
    metod 113
zunka 114
    Ingredienser 114
    metod 114
betor curry 116
    Ingredienser 116
    metod 117
Chhaner Dhalna 118
    Ingredienser 118
    metod 119
majs med kokos 120
    Ingredienser 120
    För kokospastan: 120
    metod 121
Grön paprika med potatis 122
    Ingredienser 122
    metod 123
Kryddig ärtor med potatis 124
    Ingredienser 124
    metod 125
Sauterade svampar 126
    Ingredienser 126
    metod 126
Kryddig svamp med babymajs 127
    Ingredienser 127

metod ... 128
Torr kryddig blomkål ... 129
- Ingredienser ... 129
- metod ... 130

svamp curry ... 131
- Ingredienser ... 131
- metod ... 132

Baingan Bharta ... 133
- Ingredienser ... 133
- metod ... 134

Grönsaker Hyderabadi ... 135
- Ingredienser ... 135
- För kryddblandningen: ... 135
- metod ... 136

Kadu Bhaji* ... 137
- Ingredienser ... 137
- metod ... 138

Muthia nu Shak ... 139
- Ingredienser ... 139
- metod ... 140

pumpa koot ... 141
- Ingredienser ... 141
- metod ... 142

lopp ... 143
- Ingredienser ... 143
- metod ... 144

Doodhi Manpasand ... 145

- Ingredienser 145
- metod 146
- Tomat Chokha 147
  - Ingredienser 147
  - metod 147
- Baingan Chokha 148
  - Ingredienser 148
  - metod 148
- Blomkål ärter Curry 149
  - Ingredienser 149
  - metod 149
- Aloo Methi ki Sabzi 150
  - Ingredienser 150
  - metod 150
- Sötsyrliga Karela 151
  - Ingredienser 151
  - metod 152
- Karela Koshimbir 153
  - Ingredienser 153
  - metod 153
- Karela Curry 155
  - Ingredienser 155
  - metod 156
- Chili blomkål 157
  - Ingredienser 157
  - metod 157
- Nötig curry 158

Ingredienser 158

metod 159

Daikon lämnar Bhaaji 160

Ingredienser 160

metod 160

Chole Aloo 161

Ingredienser 161

metod 162

Jordnötscurry 163

Ingredienser 163

metod 164

Franska bönor upkari 165

Ingredienser 165

metod 165

Karatey Ambadey 166

Ingredienser 166

metod 167

Kadhai Paneer 168

Ingredienser 168

metod 168

Kathirikkai Vangi 169

Ingredienser 169

metod 170

Pitla 171

Ingredienser 171

metod 172

Blomkål masala 173

Ingredienser 173
    Till såsen: 173
    metod 174
Shukna Kacha Pepe 175
    Ingredienser 175
    metod 176
Torr okra 177
    Ingredienser 177
    metod 177
Moghlai blomkål 177
    Ingredienser 178
    metod 178
Bhapa Shorshe Baingan 178
    Ingredienser 179
    metod 179
Bakade grönsaker i en kryddig sås 181
    Ingredienser 181
    metod 182
Välsmakande tofu 183
    Ingredienser 183
    metod 183
Aloo Baingan 184
    Ingredienser 184
    metod 185
Sugar snap pea curry 186
    Ingredienser 186
    metod 186

- Potatispumpa Curry ... 187
  - Ingredienser ... 187
  - metod ... 188
- Ägg Thoran ... 189
  - Ingredienser ... 189
  - metod ... 190
- Baingan Lajawab ... 191
  - Ingredienser ... 191
  - metod ... 192
- Grönsak Bahar ... 193
  - Ingredienser ... 193
  - metod ... 194
- Fyllda grönsaker ... 195
  - Ingredienser ... 195
  - För fyllningen: ... 195
  - metod ... 196
- Singhi Aloo ... 197
  - Ingredienser ... 197
  - metod ... 197
- Sindhi curry ... 198
  - Ingredienser ... 198
  - metod ... 199
- Gulnar Kofta ... 200
  - Ingredienser ... 200
  - För kryddblandningen: ... 200
  - metod ... 201
- Paneer Korma ... 202

Ingredienser 202
    metod 203
Chutneypotatis 204
    Ingredienser 204
    metod 205
lobia 206
    Ingredienser 206
    metod 207
Khatta Meetha Grönsaker 208
    Ingredienser 208
    metod 209
Dahiwale Chhole 210
    Ingredienser 210
    metod 211
Teekha Papad Bhaji* 212
    Ingredienser 212
    metod 212

Grönsaksbiffar

kraft 12

Ingredienser

2 msk pilrotspulver

4-5 stora potatisar, kokta och rivna

1 msk raffinerad vegetabilisk olja plus extra för stekning

125 g mizzen*

25g färsk kokos, riven

4-5 cashewnötter

3-4 russin

125 g frysta ärtor, kokta

2 tsk torkade granatäpplekärnor

2 tsk grovmalen koriander

1 tsk fänkålsfrön

½ tsk mald svartpeppar

½ tsk chilipulver

1 tsk amchor*

½ tsk stensalt

salt att smaka

metod

- Knåda arrowroot, potatis och 1 msk olja. Lägg åtsidan.

- Till fyllningen, blanda ihop resten av ingredienserna förutom oljan.

- Dela potatisdegen i runda biffar. Lägg en sked av fyllningen i mitten av varje biff. Förslut dem som en påse och platta till dem.

- Hetta upp resterande olja i en kastrull. Stek köttbullarna på låg värme tills de är gyllenbruna. Servera varm.

Grodda bönor Bhel

(smart mellanmål med grodda bönor)

för 4

Ingredienser

100 g grodda mungbönor, kokta

250 g Kaala Chanach*, kokta

3 stora potatisar, kokta och hackade

2 stora tomater, fint hackade

1 medelstor lök, hackad

salt att smaka

Till garneringen:

2 msk mintchutney

2 msk varm och söt mango chutney

4-5 msk yoghurt

100 g potatischips, mosad

10 g korianderblad, hackade

metod
- Blanda alla ingredienser utom garneringsingredienserna.
- Garnera i ordning på ingredienserna. Servera omedelbart.

Aloo Kachori

(stekt potatisdumpling)

kraft 15

Ingredienser

350 g fullkornsmjöl

1 msk raffinerad vegetabilisk olja plus extra för stekning

1 tsk ajwain frön

salt att smaka

5 potatisar, kokta och mosade

2 tsk chilipulver

1 msk korianderblad, hackade

metod

- Knåda mjölet, 1 msk olja, ajwainfrön och salt. Dela i limestora bollar. Platta till varje mellan handflatorna och ställ åt sidan.
- Blanda potatis, chilipulver, korianderblad och lite salt.
- Placera en del av denna blandning i mitten av varje biff. Täta genom att nypa kanterna.
- Hetta upp olja i en panna. Stek kachorisen på medelvärme tills de är gyllenbruna. Låt rinna av och servera varmt.

Diet Dosa

(diet crpe)

kraft 12

Ingredienser

300 g mung dhal*, blötlagd i 250 ml/8 fl oz vatten i 3-4 timmar

3-4 gröna chili

1 tum ingefära rot

100 gram mannagryn

1 msk gräddfil

50 g korianderblad, hackade

6 curryblad

Raffinerad vegetabilisk olja för smörjning

salt att smaka

metod

- Blanda dhal med grön chili och ingefära. mala ihop.
- Tillsätt mannagryn och gräddfil. Blanda väl. Tillsätt korianderblad, curryblad och tillräckligt med vatten för att göra en tjock smet.

- Smörj och värm en platt panna. Lägg 2 msk smet ovanpå och bred ut med baksidan av en sked. Koka i 3 minuter på låg värme. Vänd och upprepa.
- Upprepa för resten av degen. Servera varm.

Nutrirulle

Gör 8-10

Ingredienser

200 g spenat, finhackad

1 morot, finhackad

125 g frysta ärtor

50 g grodda mungbönor

3-4 stora potatisar, kokta och mosade

2 stora lökar, fint hackade

½ tsk ingefärspasta

½ tsk vitlökspasta

1 grön chili, finhackad

½ tsk Amchoor*

salt att smaka

½ tsk chilipulver

3 msk korianderblad, fint hackade

Raffinerad vegetabilisk olja för ytfritering

8-10 chapatis

2 msk varm och söt mango chutney

metod

- Ånga ihop spenat, morötter, ärtor och mungbönor.
- Blanda de ångkokta grönsakerna med potatis, lök, ingefärspasta, vitlökspasta, grön chili, amchoor, salt, chilipulver och korianderblad. Knåda väl för att få en slät blandning.
- Forma små schnitzlar av massan.
- Hetta upp oljan i en kastrull. Stek escalopes på medelvärme tills de är gyllenbruna. Häll av och ställ åt sidan.
- Bred lite varm och söt mangochutney på en chapatti. Lägg en schnitzel i mitten och rulla ihop chapattin.
- Upprepa för alla chapatis. Servera varm.

Sabudana Palak Doodhi Uttapam

(Sago-, spenat- och kalebasserpannkakor)

kraft 20

Ingredienser

1 tsk tordhal*

1 tsk mung dhal*

1 tsk uradbönor*

1 tsk masoor dhal*

3 tsk ris

100 g sago, grovmalen

50 g spenat, ångad och mald

¼ flaska kalebass*, riven

125 g mizzen*

½ tsk malen spiskummin

1 tsk myntablad, fint hackade

1 grön chili, finhackad

½ tsk ingefärspasta

salt att smaka

100 ml/3½ flodvatten

Raffinerad vegetabilisk olja för stekning

metod

- Mal ihop torr dhal, mung dhal, uradbönor, masoor dhal och ris. Lägg åtsidan.
- Blötlägg sagon i 3-5 minuter. Dränera helt.
- Blanda med den malda dhal-risblandningen.
- Tillsätt spenat, flaska kalebass, besan, malen spiskummin, myntablad, grön chili, ingefärspasta, salt och tillräckligt med vatten för att bilda en tjock smet. Ställ åt sidan i 30 minuter.
- Smörj och värm en stekpanna. Häll 1 msk smet i pannan och bred ut med baksidan av en sked.
- Täck över och stek på medelvärme tills undersidan är ljusbrun. Vänd och upprepa.
- Upprepa för resten av degen. Servera varm med tomatketchup eller grön kokoschutney

Poha

för 4

Ingredienser

150 g/5½ oz Poha*

1½ msk raffinerad vegetabilisk olja

½ tsk spiskummin

½ tsk senapsfrön

1 stor potatis, finhackad

2 stora lökar, fint hackade

5-6 gröna chili, finhackad

8 curryblad, grovt hackade

¼ tsk gurkmeja

45 g rostade jordnötter (valfritt)

25 g/knappt 1 oz färsk kokos, riven eller rakad

10 g korianderblad, fint hackade

1 tsk citronsaft

salt att smaka

metod

- Tvätta poha väl. Häll av vattnet helt och ställ åt sidan i ett durkslag i 15 minuter.
- Lossa försiktigt pohaklumparna med fingrarna. Lägg åtsidan.
- Hetta upp oljan i en kastrull. Tillsätt spiskummin och senapsfrön. Få dem att stamma i 15 sekunder.
- Tillsätt den hackade potatisen. Stek på medelvärme i 2-3 minuter. Tillsätt lök, grön chili, curryblad och gurkmeja. Koka tills löken är genomskinlig. Ta av värmen.
- Tillsätt poha, rostade jordnötter och hälften av de rivna kokos- och korianderbladen. Rör om för att blanda ordentligt.
- Ringla över citronsaft och salt. Koka på låg värme i 4-5 minuter.
- Garnera med resterande kokos- och korianderblad. Servera varm.

grönsakskotlett

Gör 10-12

Ingredienser

2 lökar, fint hackade

5 vitlöksklyftor

¼ tsk fänkålsfrön

2-3 gröna chili

10 g korianderblad, fint hackade

2 stora morötter, finhackade

1 stor potatis, finhackad

1 liten rödbeta, finhackad

50 g franska bönor, finhackade

50 g gröna ärtor

900ml/1½ pints vatten

salt att smaka

¼ tsk gurkmeja

2-3 matskedar besan*

1 msk raffinerad vegetabilisk olja plus extra för stekning

50 g ströbröd

metod

- 1 Mal lök, vitlök, fänkålsfrön, grön chili och korianderblad till en slät deg. Lägg åtsidan.
- Blanda morötter, potatis, rödbetor, bönor och ärtor i en kastrull. Tillsätt 500 ml vatten, salt och gurkmeja och koka på medelvärme tills grönsakerna är mjuka.
- Mosa grönsakerna ordentligt och ställ åt sidan.
- Blanda besan och resterande vatten till en slät smet. Lägg åtsidan.
- Hetta upp 1 msk olja i en kastrull. Tillsätt den återstående löken och fräs tills den är genomskinlig.
- Tillsätt lök- och vitlökspasta och fräs på medelhög värme i en minut under konstant omrörning.
- Tillsätt de mosade grönsakerna och blanda noga.
- Ta bort från spisen och ställ åt sidan för att svalna.
- Dela denna blandning i 10-12 bollar. Platta till mellan handflatorna för att göra biffar.
- Doppa biffarna i smeten och rulla dem i ströbrödet.
- Hetta upp olja i en panna. Stek köttbullarna tills de är gyllenbruna på båda sidor.
- Servera varm med ketchup.

Sojabönor Uppit

(snacks med sojabönor)

för 4

Ingredienser

1½ msk raffinerad vegetabilisk olja

½ tsk senapsfrön

2 gröna chili, finhackad

2 röda chili, finhackad

nypa asafoetida

1 stor lök, finhackad

1 tum ingefärsrot, finhackad

10 vitlöksklyftor, fint hackade

6 curryblad

100 g sojagryn*, torrrostad

100 g mannagryn, torrrostad

200 gram ärtor

500 ml varmt vatten

¼ tsk gurkmeja

1 tsk socker

1 tsk salt

1 stor tomat, finhackad

2 msk korianderblad, fint hackade

15 russin

10 cashewnötter

metod

- Hetta upp oljan i en kastrull. Tillsätt senapsfröna. Få dem att stamma i 15 sekunder.
- Tillsätt grön chili, röd chili, asafoetida, lök, ingefära, vitlök och curryblad. Stek på medelvärme i 3-4 minuter, rör om ofta.
- Tillsätt sojagryn, mannagryn och ärtor. Koka tills båda typerna av mannagryn är gyllenbruna.
- Tillsätt det varma vattnet, gurkmeja, socker och salt. Koka på medelvärme tills vattnet torkat.
- Garnera med tomater, korianderblad, russin och cashewnötter.
- Servera varm.

Hoppsan

(frukostgryn)

för 4

Ingredienser

1 msk ghee

150 gram mannagryn

1 msk raffinerad vegetabilisk olja

¼ tsk senapsfrön

1 tsk urad dhal*

3 gröna chili, slits på längden

8-10 curryblad

1 medelstor lök, finhackad

1 medelstor tomat, finhackad

750 ml/1¼ pints vatten

1 rågad tsk socker

salt att smaka

50 g konserverade ärter (valfritt)

25g korianderblad, fint hackade

metod

- Hetta upp ghee i en panna. Tillsätt semlan och stek, rör om ofta, tills semlan blir gyllenbrun. Lägg åtsidan.
- Hetta upp oljan i en kastrull. Tillsätt senapsfrön, urad dhal, grön chili och curryblad. Stek tills urad dhal blir brun.
- Tillsätt löken och fräs på låg värme tills den är genomskinlig. Tillsätt tomater och fräs ytterligare 3-4 minuter.
- Tillsätt vattnet och blanda väl. Koka på medelvärme tills blandningen börjar koka. Blanda väl.
- Tillsätt socker, salt, mannagryn och ärtor. Blanda väl.
- Koka på låg värme i 2-3 minuter, rör hela tiden.
- Garnera med korianderbladen. Servera varm.

Vermicelli Hoppsan

(vermicelli med lök)

för 4

Ingredienser

3 matskedar raffinerad vegetabilisk olja

1 tsk mung dhal*

1 tsk urad dhal*

¼ tsk senapsfrön

8 curryblad

10 jordnötter

10 cashewnötter

1 medelstor potatis, finhackad

1 stor morot, finhackad

2 gröna chili, finhackad

1 cm/½ i ingefärsrot, finhackad

1 stor lök, finhackad

1 tomat, finhackad

50 g frysta ärtor

salt att smaka

1 liter / 1¾ pints vatten

200 g vermicelli

2 msk ghee

metod

- Hetta upp oljan i en kastrull. Tillsätt mung dhal, urad dhal, senapsfrön och curryblad. Få dem att stamma i 30 sekunder.
- Tillsätt jordnötter och cashewnötter. Stek på medelvärme tills de är gyllenbruna.
- Tillsätt potatis och morot. Stek i 4-5 minuter.
- Tillsätt chili, ingefära, lök, tomat, ärtor och salt. Koka på medelhög värme, rör om ofta, tills grönsakerna är mjuka.
- Tillsätt vattnet och låt koka upp. Blanda väl.
- Tillsätt vermicelli, rör hela tiden för att undvika klumpar.
- Täck med lock och koka på svag värme i 5-6 minuter.
- Tillsätt ghee och blanda väl. Servera varm.

bonda

(potatiskotlett)

kraft 10

Ingredienser

5 msk raffinerad vegetabilisk olja plus extra för stekning

½ tsk senapsfrön

2,5 mm ingefärsrot, finhackad

2 gröna chili, finhackad

50 g korianderblad, fint hackade

1 stor lök, finhackad

4 medelstora potatisar, kokta och mosade

1 stor morot, finhackad och kokad

125 g konserverade ärter

nypa gurkmeja

salt att smaka

1 tsk citronsaft

250 g blandare*

200 ml/7 flodvatten

½ tsk bakpulver

metod

- Hetta upp 4 msk olja i en kastrull. Tillsätt senapsfrön, ingefära, grön chili, korianderblad och lök. Stek på medelvärme, rör om då och då, tills löken börjar få färg.
- Tillsätt potatis, morötter, ärtor, gurkmeja och salt. Sjud på låg värme i 5-6 minuter, rör om då och då.
- Ringla över citronsaft och dela blandningen i 10 bollar. Lägg åtsidan.
- Blanda besan, vatten och bakpulver med 1 msk olja till en deg.
- Hetta upp oljan i en kastrull. Doppa varje potatisboll i smeten och stek på medelvärme tills de är gyllenbruna.
- Servera varm.

Instant Dhokla

(Omedelbar ångad sallad kaka)

Gör 15-20

Ingredienser

250 g blandare*

1 tsk salt

2 msk socker

2 matskedar raffinerad vegetabilisk olja

½ msk citronsaft

240 ml/8 flodvatten

1 msk bakpulver

1 tsk senapsfrön

2 gröna chili, slits på längden

Några curryblad

1 msk vatten

2 msk korianderblad, fint hackade

1 msk färsk kokos, riven

metod

- Blanda besan, salt, socker, 1 msk olja, citronsaft och vatten till en slät smet.
- Smörj en rund kakform (20 cm/8 tum).
- Tillsätt bakpulvret i degen. Blanda väl och häll genast i den smorda burken. Ånga i 20 minuter.
- Stick med en gaffel för att se om det är klart. Om gaffeln inte kommer ut ren, ånga igen i 5-10 minuter. Lägg åtsidan.
- Hetta upp resterande olja i en kastrull. Tillsätt senapsfröna. Få dem att stamma i 15 sekunder.
- Tillsätt grön chili, curryblad och vatten. Koka i 2 minuter på låg värme.
- Häll denna blandning över dhoklan och låt den suga upp vätskan.
- Garnera med korianderblad och kokosflingor.
- Skär i rutor och servera med mintchutney

Dal Maharani

(Svarta linser och kidneybönor)

för 4

Ingredienser

150 g urad dhal*

2 msk kidneybönor

1,4 liter / 2½ pints vatten

salt att smaka

1 msk raffinerad vegetabilisk olja

½ tsk spiskummin

1 stor lök, finhackad

3 medelstora tomater, hackade

1 tsk ingefärspasta

½ tsk vitlökspasta

½ tsk chilipulver

½ tsk garam masala

120ml/4fl oz färsk singelkräm

metod

- Blötlägg urad dhal och kidneybönor tillsammans över natten. Låt rinna av och koka ihop i en kastrull med vatten och salt på medelvärme i 1 timme. Lägg åtsidan.
- Hetta upp oljan i en kastrull. Tillsätt spiskummin. Få dem att stamma i 15 sekunder.
- Tillsätt löken och fräs på medelvärme tills den är gyllenbrun.
- Tillsätt tomaterna. Blanda väl. Tillsätt ingefärspasta och vitlökspasta. Stek i 5 minuter.
- Tillsätt den kokta dhalbönblandningen, chilipulver och garam masala. Blanda väl.
- Tillsätt grädden. Sjud i 5 minuter, rör om ofta.
- Servera varm med naan eller ångat ris

Milagu Kuzhambu

(Delad röd gram i en pepparsås)

för 4

Ingredienser

2 tsk ghee

2 tsk korianderfrön

1 msk tamarindpasta

1 tsk mald svartpeppar

¼ tsk asafoetida

salt att smaka

1 msk för dhal*, kokta

1 liter / 1¾ pints vatten

¼ tsk senapsfrön

1 grön chili, hackad

¼ tsk gurkmeja

10 curryblad

metod

- Hetta upp några droppar ghee i en kastrull. Tillsätt korianderfrön och fräs på medelvärme i 2 minuter. Kyl och mal.
- Blanda med tamarindpasta, peppar, asafoetida, salt och dhal i en stor kastrull.
- Tillsätt vattnet. Blanda väl och låt koka upp på medelvärme. Lägg åtsidan.
- Värm resterande ghee i en kastrull. Tillsätt senapsfrön, grön chili, gurkmeja och curryblad. Få dem att stamma i 15 sekunder.
- Lägg till detta till dhal. Servera varm.

Dhal Hariyali

(Lövgröna med delade bengaliska gram)

för 4

Ingredienser

300g/10oz Toor Dhal*

1,4 liter / 2½ pints vatten

salt att smaka

2 msk ghee

1 tsk spiskummin

1 lök, finhackad

½ tsk ingefärspasta

½ tsk vitlökspasta

½ tsk gurkmeja

50 g spenat, hackad

10 g bockhornsklöver blad, fint hackade

25g/några 1oz korianderblad

metod

- Koka dhal med vatten och salt i en kastrull i 45 minuter, rör om ofta. Lägg åtsidan.
- Hetta upp ghee i en kastrull. Tillsätt spiskummin, lök, ingefärspasta, vitlökspasta och gurkmeja. Stek i 2 minuter på låg värme under konstant omrörning.
- Tillsätt spenat, bockhornsklöverblad och korianderblad. Blanda väl och låt sjuda i 5-7 minuter.
- Servera varmt med ångat ris

Dhalcha

(Delad Bengal Gram med lamm)

för 4

Ingredienser

150 g chana dhal*

150g för dhal*

2,8 liter vatten

salt att smaka

2 msk tamarindpasta

2 matskedar raffinerad vegetabilisk olja

4 stora lökar, hackade

5 cm ingefärsrot, riven

10 vitlöksklyftor, krossade

750g/1lb 10oz lamm, hackat

1,4 liter / 2½ pints vatten

3-4 tomater, hackade

1 tsk chilipulver

1 tsk gurkmeja

1 tsk garam masala

20 curryblad

25g korianderblac, fint hackade

metod

- Koka halsarna med vatten och salt på medelvärme i 1 timme. Tillsätt tamarindpastan och mosa väl. Lägg åtsidan.
- Hetta upp oljan i en kastrull. Tillsätt lök, ingefära och vitlök. Bryn på medelvärme. Tillsätt lammet, rör hela tiden tills det får färg.
- Tillsätt vatten och låt sjuda tills lammet är mört.
- Tillsätt tomater, chilipulver, gurkmeja och salt. Blanda väl. Koka i ytterligare 7 minuter.
- Tillsätt dhal, garam masala och curryblad. Blanda väl. Sjud i 4-5 minuter.
- Garnera med korianderbladen. Servera varm.

Tarkari Dhalcha

(Dela bengaliska gram med grönsaker)

för 4

Ingredienser

150 g chana dhal*

150g för dhal*

salt att smaka

3 liter/5¼ pints vatten

10 g myntablad

10 g korianderblad

2 matskedar raffinerad vegetabilisk olja

½ tsk senapsfrön

½ tsk spiskummin

Nypa bockhornsklöver frön

Nypa Kalonji frön*

2 torra röda chili

10 curryblad

½ tsk ingefärspasta

½ tsk vitlökspasta

½ tsk gurkmeja

1 tsk chilipulver

1 tsk tamarindpasta

500 g pumpa, fint tärnad

metod

- Koka båda dhalerna med saltet, 2,5 liter vatten och hälften av mynta och koriander i en kastrull på medelvärme i 1 timme. Mal till en tjock pasta. Lägg åtsidan.
- Hetta upp oljan i en kastrull. Tillsätt senap, spiskummin, bockhornsklöver och kalonjifrön. Få dem att stamma i 15 sekunder.
- Tillsätt de röda chilin och currybladen. Stek på medelvärme i 15 sekunder.
- Tillsätt dhalpasta, ingefärspasta, vitlökspasta, gurkmeja, chilipulver och tamarindpasta. Blanda väl. Koka på medelvärme i 10 minuter, rör om ofta.
- Tillsätt resten av vattnet och squashen. Låt puttra tills squashen är klar.
- Tillsätt resterande mynta och korianderblad. Koka i 3-4 minuter.
- Servera varm.

Dhokar Dhalna

(Stekta dhalkuber i curry)

för 4

Ingredienser

600g / 5oz Chana Dhal*, blötlagd över natten

120 ml/4 flodvatten

salt att smaka

4 matskedar raffinerad vegetabilisk olja plus extra för stekning

3 gröna chili, hackade

½ tsk asafoetida

2 stora lökar, fint hackade

1 lagerblad

1 tsk ingefärspasta

1 tsk vitlökspasta

1 tsk chilipulver

¾ tsk gurkmeja

1 tsk garam masala

1 msk korianderblad, fint hackade

metod

- Mal dhal med vatten och lite salt till en tjock pasta. Lägg åtsidan.
- Hetta upp 1 msk olja i en kastrull. Tillsätt den gröna chilin och asafoetida. Få dem att stamma i 15 sekunder. Rör ner dhal-pastan och lite mer salt. Blanda väl.
- Bred ut denna blandning på en bakplåt för att svalna. Skär i 2,5 cm bitar.
- Hetta upp olja för stekning i en kastrull. Stek bitarna tills de är gyllenbruna. Lägg åtsidan.
- Hetta upp 2 msk olja i en kastrull. Bryn löken. Mal dem till en pasta och ställ åt sidan.
- Hetta upp resterande 1 msk olja i en kastrull. Tillsätt lagerblad, stekta dhal-bitar, stekt lökpasta, ingefärspasta, vitlökspasta, chilipulver, gurkmeja och garam masala. Tillsätt tillräckligt med vatten för att täcka dhal-bitarna. Blanda väl och låt sjuda i 7-8 minuter.
- Garnera med korianderbladen. Servera varm.

Varan

(Easy Split Red Gram Dhal)

för 4

Ingredienser

300g/10oz Toor Dhal*

2,4 liter / 4 pints vatten

¼ tsk asafoetida

½ tsk gurkmeja

salt att smaka

metod

- Koka alla ingredienser i en kastrull på medelhög värme i ca 1 timme.
- Servera varmt med ångat ris

söt dhal

(Sweet Split Red Grams)

För 4-6

Ingredienser

300g/10oz Toor Dhal*

2,5 liter / 4 pints vatten

salt att smaka

¼ tsk gurkmeja

En stor nypa Asafoetida

½ tsk chilipulver

5 cm bit jaggery*

2 tsk raffinerad vegetabilisk olja

¼ tsk spiskummin

¼ tsk senapsfrön

2 torra röda chili

1 msk korianderblad, fint hackade

metod

- Tvätta toor dhal och koka den med vatten och salt i en kastrull på låg värme i 1 timme.
- Tillsätt gurkmeja, asafoetida, chilipulver och jaggery. Koka 5 minuter. Blanda noggrant. Lägg åtsidan.
- Hetta upp oljan i en liten kastrull. Tillsätt spiskummin, senapsfrön och de torra röda chilin. Få dem att stamma i 15 sekunder.
- Häll detta i dhal och blanda väl.
- Garnera med korianderbladen. Servera varm.

Söt och sur dhal

(Sött och surt delat rött gram)

För 4-6

Ingredienser

300g/10oz Toor Dhal*

2,4 liter / 4 pints vatten

salt att smaka

¼ tsk gurkmeja

¼ tsk asafoetida

1 tsk tamarindpasta

1 tsk socker

2 tsk raffinerad vegetabilisk olja

½ tsk senapsfrön

2 gröna chili

8 curryblad

1 msk korianderblad, fint hackade

metod

- Koka torr dhal i en kastrull med vatten och salt på medelvärme i 1 timme.
- Tillsätt gurkmeja, asafoetida, tamarindpasta och socker. Koka 5 minuter. Lägg åtsidan.
- Hetta upp oljan i en liten kastrull. Tillsätt senapsfrön, grön chili och curryblad. Få dem att stamma i 15 sekunder.
- Häll denna krydda i dhal.
- Garnera med korianderbladen.
- Servera varmt med ångat ris eller chapati spatel

Mung-ni-Dhal

(Dela gröna gram)

för 4

Ingredienser

300 g mung dhal*

1,9 liter/3½ pints vatten

salt att smaka

¼ tsk gurkmeja

½ tsk ingefärspasta

1 grön chili, finhackad

¼ tsk socker

1 msk ghee

½ tsk sesamfrön

1 liten lök, hackad

1 vitlöksklyfta, hackad

metod

- Koka mung dhal med vatten och salt i en kastrull på medelvärme i 30 minuter.
- Tillsätt gurkmeja, ingefärspasta, grön chili och socker. Blanda väl.
- Tillsätt 120 ml vatten när dhal är torr. Sjud i 2-3 minuter och ställ åt sidan.
- Hetta upp ghee i en liten kastrull. Tillsätt sesam, lök och vitlök. Stek i 1 minut under konstant omrörning.
- Lägg till detta till dhal. Servera varm.

Dhal med lök & kokos

(Delad röd gram med lök och kokos)

För 4-6

Ingredienser

300g/10oz Toor Dhal*

2,8 liter vatten

2 gröna chili, hackad

1 liten lök, hackad

salt att smaka

¼ tsk gurkmeja

1½ tsk vegetabilisk olja

½ tsk senapsfrön

1 msk korianderblad, fint hackade

50 g färsk kokos, riven

metod

- Koka torr dhal med vatten, grön chili, lök, salt och gurkmeja i en kastrull på medelvärme i 1 timme. Lägg åtsidan.
- Hetta upp oljan i en kastrull. Tillsätt senapsfröna. Få dem att stamma i 15 sekunder.
- Häll detta i dhal och blanda väl.
- Garnera med korianderblad och kokos. Servera varm.

Dahi Kadhi

(yoghurtbaserad curry)

för 4

Ingredienser

1 msk mizzen*

250 g yoghurt

750 ml/1¼ pints vatten

2 tsk socker

salt att smaka

½ tsk ingefärspasta

1 msk raffinerad vegetabilisk olja

¼ tsk senapsfrön

¼ tsk spiskummin

¼ tsk bockhornsklöverfrön

8 curryblad

10 g korianderblad, fint hackade

metod

- I en stor kastrull, kombinera besan med yoghurt, vatten, socker, salt och ingefärspasta. Rör om väl så att inga klumpar bildas.
- Koka blandningen på medelhög värme tills den börjar tjockna, rör om ofta. Koka upp. Lägg åtsidan.
- Hetta upp oljan i en kastrull. Tillsätt senapsfrön, spiskummin, bockhornsklöverfrön och curryblad. Få dem att stamma i 15 sekunder.
- Häll denna olja över mizzen-blandningen.
- Garnera med korianderbladen. Servera varm.

spenat dhal

(Spenat med delade gröna gram)

för 4

Ingredienser

300 g mung dhal*

1,9 liter/3½ pints vatten

salt att smaka

1 stor lök, hackad

6 vitlöksklyftor, hackade

¼ tsk gurkmeja

100 g spenat, hackad

½ tsk Amchoor*

Nypa garam masala

½ tsk ingefärspasta

1 msk raffinerad vegetabilisk olja

1 tsk spiskummin

2 msk korianderblad, fint hackade

metod

- Koka upp dhal med vatten och salt i en kastrull på medelvärme i 30-40 minuter.
- Tillsätt lök och vitlök. Koka 7 minuter.
- Tillsätt gurkmeja, spenat, amchoor, garam masala och ingefärspasta. Blanda noggrant.
- Sjud tills dhalen är mjuk och alla kryddor har inkorporerats. Lägg åtsidan.
- Hetta upp oljan i en kastrull. Tillsätt spiskummin. Få dem att stamma i 15 sekunder.
- Häll detta över dhal.
- Garnera med korianderbladen. Servera varm

Tawker Dal

(Sura delade röda linser med omogen mango)

för 4

Ingredienser

300g/10oz Toor Dhal*

2,4 liter / 4 pints vatten

1 omogen mango, urkärnad och i fjärdedelar

½ tsk gurkmeja

4 gröna chili

salt att smaka

2 tsk senapsolja

½ tsk senapsfrön

1 msk korianderblad, fint hackade

metod

- Koka dhal med vatten, mangobitar, gurkmeja, grön chili och salt i en timme. Lägg åtsidan.
- Hetta upp olja i en kastrull och tillsätt senapsfrön. Få dem att stamma i 15 sekunder.
- Lägg till detta till dhal. Låt puttra tjockt.
- Garnera med korianderbladen. Servera varmt med ångat ris

Enkel dhal

(Delad röd gram med tomat)

för 4

Ingredienser

300g/10oz Toor Dha *

1,2 liter / 2 pints vatten

salt att smaka

¼ tsk gurkmeja

½ msk raffinerad vegetabilisk olja

¼ tsk spiskummin

2 gröna chili, slits på längden

1 medelstor tomat, finhackad

1 msk korianderblad, fint hackade

metod

- Koka torr dhal med vatten och salt i en kastrull på medelvärme i 1 timme.
- Tillsätt gurkmeja och blanda väl.
- Om dhal är för tjock, tillsätt 120 ml vatten. Blanda väl och ställ åt sidan.
- Hetta upp oljan i en kastrull. Tillsätt spiskummin och låt dem bubbla i 15 sekunder. Tillsätt de gröna chilin och tomaterna. Stek i 2 minuter.
- Lägg till detta till dhal. Blanda och låt sjuda i 3 minuter.
- Garnera med korianderbladen. Servera varmt med ångat ris

Maa-ki-Dhal

(rikt svart gram)

för 4

Ingredienser

240 g kaali dhal*

125 g kidneybönor

2,8 liter vatten

salt att smaka

3,5 cm ingefärsrot, finhackad

1 tsk chilipulver

3 tomater, mosade

1 msk smör

2 tsk raffinerad vegetabilisk olja

1 tsk spiskummin

2 msk singelkräm

metod

- Blötlägg dhal och kidneybönor tillsammans över natten.
- Koka upp vatten, salt och ingefära i en kastrull på medelvärme i 40 minuter.
- Tillsätt chilipulver, tomatpuré och smör. Sjud i 8-10 minuter. Lägg åtsidan.
- Hetta upp oljan i en kastrull. Tillsätt spiskummin. Få dem att stamma i 15 sekunder.
- Lägg till detta till dhal. Blanda väl.
- Tillsätt grädden. Servera varmt med ångat ris

Dhansak

(Krydddig Parsi Split Red Gram)

för 4

Ingredienser

3 matskedar raffinerad vegetabilisk olja

1 stor lök, finhackad

2 stora tomater, hackade

½ tsk gurkmeja

½ tsk chilipulver

1 msk Dhansak masa a*

1 msk maltvinäger

salt att smaka

För dhal-blandningen:

150g för dhal*

75 g mung dhal*

75 g/2½ oz Masoor Dhal*

1 liten aubergine, i fjärdedelar

7,5 cm bit pumpa, i fjärdedelar

1 msk färska bockhornsklöveblad

1,4 liter / 2½ pints vatten

salt att smaka

metod

- Koka ingredienserna till dhalblandningen tillsammans i en kastrull på medelhög värme i 45 minuter. Lägg åtsidan.
- Hetta upp oljan i en kastrull. Fräs lök och tomater på medelvärme i 2-3 minuter.
- Tillsätt dhalblandningen och alla resterande ingredienser. Blanda väl och koka på medelvärme i 5-7 minuter. Servera varm.

Masoor Dhal

för 4

Ingredienser

300g/10oz Masoor Dhal*

salt att smaka

nypa gurkmeja

1,2 liter / 2 pints vatten

2 matskedar raffinerad vegetabilisk olja

6 vitlöksklyftor, krossade

1 tsk citronsaft

metod

- Koka dhal, salt, gurkmeja och vatten i en kastrull på medelvärme i 45 minuter. Lägg åtsidan.
- Hetta upp olja i en panna och bryn vitlöken. Lägg till dhal och ringla över citronsaft. Blanda väl. Servera varm.

Panchemel Dhal

(Fem lins mix)

för 4

Ingredienser

75 g mung dhal*

1 msk chana dhal*

1 msk masoor dhal*

1 msk för dhal*

1 msk urad dhal*

750 ml/1¼ pints vatten

½ tsk gurkmeja

salt att smaka

1 msk ghee

1 tsk spiskummin

nypa asafoetida

½ tsk garam masala

1 tsk ingefärspasta

metod

- Koka Dhals med vatten, gurkmeja och salt i en kastrull på medelvärme i 1 timme. Blanda väl. Lägg åtsidan.
- Hetta upp ghee i en kastrull. Stek resterande ingredienser i 1 minut.
- Tillsätt dessa till dhal, blanda väl och låt sjuda i 3-4 minuter. Servera varm.

Cholar Dhal

(Dela bengaliska gram)

för 4

Ingredienser

600g / 5oz Chana Dhal*

2,4 liter/5 pints vatten

salt att smaka

3 msk ghee

½ tsk spiskummin

½ tsk gurkmeja

2 tsk socker

3 kryddnejlika

2 lagerblad

1 tum kanel

2 gröna kardemummakapslar

15 g kokos, hackad och stekt

metod

- Koka dhal med vatten och salt i en kastrull på medelvärme i 1 timme. Lägg åtsidan.
- Värm 2 msk ghee i en kastrull. Tillsätt alla ingredienser utom kokosen. Få dem att stamma i 20 sekunder. Tillsätt den kokta dhalen och koka väl i 5 minuter. Tillsätt kokos och 1 msk ghee. Servera varm.

Dilpasand Dhal

(Speciallinser)

för 4

Ingredienser

60 g uradbönor*

2 msk kidneybönor

2 msk kikärtor

2 liter/3½ pints vatten

¼ tsk gurkmeja

2 msk ghee

2 tomater, blancherade och mosade

2 tsk mald spiskummin, torrrostad

125 g yoghurt, vispad

120ml/4fl oz singelkräm

salt att smaka

metod

- Blanda bönor, kikärter och vatten. Blötlägg i en kastrull i 4 timmar. Tillsätt gurkmeja och koka på medelvärme i 45 minuter. Lägg åtsidan.
- Hetta upp ghee i en kastrull. Tillsätt alla resterande ingredienser och låt koka på medelvärme tills ghee separerar.
- Tillsätt bön- och kikärtsblandningen. Sjud tills det är torrt. Servera varm.

Dal Masoor

(delade röda linser)

för 4

Ingredienser

1 msk ghee

1 tsk spiskummin

1 liten lök, finhackad

2,5 cm ingefärsrot, finhackad

6 vitlöksklyftor, fint hackade

4 gröna chili, slits på längden

1 tomat, skalad och mosad

½ tsk gurkmeja

300g/10oz Masoor Dhal*

1,5 liter vatten

salt att smaka

2 msk korianderblad

metod

- Hetta upp ghee i en kastrull. Tillsätt spiskummin, lök, ingefära, vitlök, chili, tomat och gurkmeja. Stek i 5 minuter, rör om ofta.
- Tillsätt dhal, vatten och salt. Sjud i 45 minuter. Garnera med korianderbladen. Servera varmt med ångat ris

Dal med aubergine

(linser med aubergine)

för 4

Ingredienser

300g/10oz Toor Dhal*

1,5 liter vatten

salt att smaka

1 msk raffinerad vegetabilisk olja

50 g auberginer, tärnade

1 tum kanel

2 gröna kardemummakapslar

2 kryddnejlika

1 stor lök, finhackad

2 stora tomater, fint hackade

½ tsk ingefärspasta

½ tsk vitlökspasta

1 tsk mald koriander

½ tsk gurkmeja

10 g korianderblad till garnering

metod

- Koka dhal med vatten och salt i en kastrull på medelvärme i 45 minuter. Lägg åtsidan.
- Hetta upp oljan i en kastrull. Tillsätt alla resterande ingredienser förutom korianderbladen. Stek i 2-3 minuter under konstant omrörning.
- Tillsätt blandningen till dhal. Sjud i 5 minuter. Garnera och servera.

Gul dhal tadka

för 4

Ingredienser

300 g mung dhal*

1 liter / 1¾ pints vatten

¼ tsk gurkmeja

salt att smaka

3 tsk ghee

½ tsk senapsfrön

½ tsk spiskummin

½ tsk bockhornsklöverfrön

2,5 cm ingefärsrot, finhackad

4 vitlöksklyftor, fint hackade

3 gröna chili, slits på längden

8 curryblad

metod

- Koka dhal med vatten, gurkmeja och salt i en kastrull på medelvärme i 45 minuter. Lägg åtsidan.
- Hetta upp ghee i en kastrull. Tillsätt alla resterande ingredienser. Stek i 1 minut och häll på dhal. Blanda väl och servera varm.

Rasam

(Tamarinbaserad kryddig soppa)

för 4

Ingredienser

2 msk tamarindpasta

750 ml/1¼ pints vatten

8-10 curryblad

2 msk hackade korianderblad

nypa asafoetida

salt att smaka

2 tsk ghee

½ tsk senapsfrön

För kryddblandningen:

2 tsk korianderfrön

2 msk toor dhal*

1 tsk spiskummin

4-5 pepparkorn

1 torkad röd chili

metod

- Torrstek och mal ingredienserna till kryddblandningen.
- Blanda kryddblandningen med alla ingredienser utom ghee- och senapsfröna. Koka i en kastrull på medelhög värme i 7 minuter.
- Hetta upp ghee i en annan kastrull. Tillsätt senapsfröna och låt bubbla i 15 sekunder. Häll detta rakt i rasamen. Servera varm.

Vanlig mung dhal

för 4

Ingredienser

300 g mung dhal*

1 liter / 1¾ pints vatten

nypa gurkmeja

salt att smaka

2 matskedar raffinerad vegetabilisk olja

1 stor lök, finhackad

3 gröna chili, finhackad

2,5 cm ingefärsrot, finhackad

5 curryblad

2 tomater, fint hackade

metod

- Koka upp dhal med vatten, gurkmeja och salt i en kastrull på medelvärme i 30 minuter. Lägg åtsidan.
- Hetta upp oljan i en kastrull. Tillsätt alla resterande ingredienser. Stek i 3-4 minuter. Lägg till detta till dhal. Låt puttra tjockt. Servera varm.

Hel grön mung

för 4

Ingredienser

250 g mungbönor, blötlagda över natten

1 liter / 1¾ pints vatten

½ msk raffinerad vegetabilisk olja

½ tsk spiskummin

6 curryblad

1 stor lök, finhackad

½ tsk vitlökspasta

½ tsk ingefärspasta

3 gröna chili, finhackad

1 tomat, finhackad

¼ tsk gurkmeja

salt att smaka

120ml/4fl oz mjölk

metod

- Koka bönorna med vattnet i en kastrull på medelhög värme i 45 minuter. Lägg åtsidan.
- Hetta upp oljan i en kastrull. Tillsätt spiskummin och curryblad.
- Efter 15 sekunder tillsätt de kokta bönorna och alla återstående ingredienser. Blanda väl och låt sjuda i 7-8 minuter. Servera varm.

Dahi Kadhi med Pakoras

(Curry baserad på yoghurt med stekta dumplings)

för 4

Ingredienser
För pakora:

125 g mizzen*

¼ tsk spiskummin

2 tsk hackad lök

1 hackad grön chili

½ tsk riven ingefära

nypa gurkmeja

2 gröna chili, finhackad

½ tsk ajwain frön

salt att smaka

olja för stekning

För kadhi:
Dahi Kadhi

metod

- Blanda alla pakoraingredienser utom oljan i en skål med tillräckligt med vatten för att bilda en tjock smet. Stek i het olja tills de är gyllenbruna.
- Koka kachi och tillsätt pakoras. Sjud i 3-4 minuter.
- Servera varmt med ångat ris

Söt omogen mango dhal

(Split Red Gram med omogen mango)

för 4

Ingredienser

300g/10oz Toor Dhal*

2 gröna chili, slits på längden

2 tsk jaggery*, riven

1 liten lök, skivad

salt att smaka

¼ tsk gurkmeja

1,5 liter vatten

1 omogen mango, skalad och hackad

1½ tsk raffinerad vegetabilisk olja

½ tsk senapsfrön

1 msk korianderblad, till garnering

metod

- Blanda alla ingredienser utom olja, senapsfrön och korianderblad i en kastrull. Koka i 30 minuter på medelvärme. Lägg åtsidan.
- Hetta upp oljan i en kastrull. Tillsätt senapsfröna. Få dem att stamma i 15 sekunder. Häll detta över dhal. Garnera och servera varm.

Malai dhal

(Dela svart gram med grädde)

för 4

Ingredienser

300g/10oz Urad Dhal*, blötlagd i 4 timmar

1 liter / 1¾ pints vatten

500ml/16fl oz mjölk, kokt

1 tsk gurkmeja

salt att smaka

½ tsk Amchoor*

2 msk singelkräm

1 msk ghee

1 tsk spiskummin

2,5 cm ingefärsrot, finhackad

1 liten tomat, finhackad

1 liten lök, finhackad

metod

- Koka dhal med vattnet på medelvärme i 45 minuter.
- Tillsätt mjölk, gurkmeja, salt, amchoor och grädde. Blanda väl och koka i 3-4 minuter. Lägg åtsidan.
- Hetta upp ghee i en kastrull. Tillsätt spiskummin, ingefära, tomat och lök. Stek i 3 minuter. Lägg till detta till dhal. Blanda väl och servera varm.

Sambhar

(Blandade linser och grönsaker tillagade med speciella kryddor)

för 4

Ingredienser

300g/10oz Toor Dhal*

1,5 liter vatten

salt att smaka

1 msk raffinerad vegetabilisk olja

1 stor lök, tunt skivad

2 tsk tamarindpasta

¼ tsk gurkmeja

1 grön chili, grovt hackad

1½ tsk sambharpulver*

2 msk korianderblad, fint hackade

Till smaksättningen:

1 grön chili, skär på längden

1 tsk senapsfrön

½ tsk urad dhal*

8 curryblad

¼ tsk asafoetida

metod

- Blanda ihop alla ingredienserna till kryddan. Lägg åtsidan.
- Koka tordhal med vatten och salt i en kastrull på medelvärme i 40 minuter. Mosa väl. Lägg åtsidan.
- Hetta upp oljan i en kastrull. Tillsätt kryddningsingredienserna. Få dem att stamma i 20 sekunder.
- Tillsätt den kokta dhalen och alla resterande ingredienser utom korianderbladen. Koka på låg värme i 8-10 minuter.
- Garnera med korianderbladen. Servera varm.

Tre Dhals

(Blandade linser)

för 4

Ingredienser

150g för dhal*

75 g/2½ oz Masoor Dhal*

75 g mung dhal*

1 liter / 1¾ pints vatten

1 stor tomat, finhackad

1 liten lök, finhackad

4 vitlöksklyftor, fint hackade

6 curryblad

salt att smaka

¼ tsk gurkmeja

2 matskedar raffinerad vegetabilisk olja

½ tsk spiskummin

metod

- Blötlägg dhalerna i vattnet i 30 minuter. Koka med resterande ingredienser, förutom olja och spiskummin, på medelvärme i 45 minuter.
- Hetta upp oljan i en kastrull. Tillsätt spiskummin. Få dem att stamma i 15 sekunder. Häll detta över dhal. Blanda väl. Servera varm.

Methi trumstick sambhar

(Bockhornsklöver och trumpinnar med delad röd gram)

för 4

Ingredienser

300g/10oz Toor Dhal*

1 liter / 1¾ pints vatten

nypa gurkmeja

salt att smaka

2 indiska trumpinnar*, hackad

1 tsk raffinerad vegetabilisk olja

¼ tsk senapsfrön

1 röd chili, halverad

¼ tsk asafoetida

10 g färska bockhornsklöver blad, hackade

1¼ tsk sambharpulver*

1¼ tsk tamarindpasta

metod

- Blanda dhal, vatten, gurkmeja, salt och klubbor i en kastrull. Koka i 45 minuter på medelvärme. Lägg åtsidan.

- Hetta upp oljan i en panna. Tillsätt alla resterande ingredienser och fräs i 2-3 minuter. Tillsätt detta till dhal och låt sjuda i 7-8 minuter. Servera varm.

Dal Shorba

(Linssoppa)

för 4

Ingredienser

300g/10oz Toor Dhal*

salt att smaka

1 liter / 1¾ pints vatten

1 msk raffinerad vegetabilisk olja

2 stora lökar, skivade

4 vitlöksklyftor, krossade

50 g spenatblad, fint hackade

3 tomater, fint hackade

1 tsk citronsaft

1 tsk garam masala

metod

- Koka dhal, salt och vatten i en kastrull på medelvärme i 45 minuter. Lägg åtsidan.
- Värm oljan. Bryn löken på medelvärme. Tillsätt alla återstående ingredienser och koka i 5 minuter, rör om ofta.
- Tillsätt detta till dhalblandningen. Servera varm.

Smaskig mung

(hel mung)

för 4

Ingredienser

250 g mungbönor

2,5 liter / 4 pints vatten

salt att smaka

2 medelstora lökar, hackade

3 gröna chili, hackade

¼ tsk gurkmeja

1 tsk chilipulver

1 tsk citronsaft

1 msk raffinerad vegetabilisk olja

½ tsk spiskummin

6 vitlöksklyftor, krossade

metod
- Blötlägg mungbönorna i vattnet i 3-4 timmar. Koka i en kastrull med salt, lök, grön chili, gurkmeja och chilipulver på medelvärme i 1 timme.
- Tillsätt citronsaften. Sjud i 10 minuter. Lägg åtsidan.
- Hetta upp oljan i en kastrull. Tillsätt spiskummin och vitlök. Stek i 1 minut på medelvärme. Häll detta i mungblandningen. Servera varm.

Masala Toor Dhal

(Sharp Split Red Gram)

för 4

Ingredienser

300g/10oz Toor Dhal*

1,5 liter vatten

salt att smaka

½ tsk gurkmeja

1 msk raffinerad vegetabilisk olja

½ tsk senapsfrön

8 curryblad

¼ tsk asafoetida

½ tsk ingefärspasta

½ tsk vitlökspasta

1 grön chili, finhackad

1 lök, finhackad

1 tomat, finhackad

2 tsk citronsaft

2 msk korianderblad till garnering

metod

- Koka dhal med vatten, salt och gurkmeja i en kastrull på medelvärme i 45 minuter. Lägg åtsidan.
- Hetta upp oljan i en kastrull. Tillsätt alla ingredienser utom citronsaften och korianderbladen. Stek i 3-4 minuter på medelvärme. Häll detta över dhal.
- Tillsätt citronsaft och korianderblad. Blanda väl. Servera varm.

Torr gul Mung Dhal

(torrt gult gram)

för 4

Ingredienser

300 g mung dhal*, blötlagd i 1 timme

250 ml/8 flodvatten

¼ tsk gurkmeja

salt att smaka

1 msk ghee

1 tsk amchor*

1 msk korianderblad, hackade

1 liten lök, finhackad

metod

- Koka dhal med vatten, gurkmeja och salt i en kastrull på medelvärme i 45 minuter.
- Värm ghee och häll det på dhal. Strö ut amchoor, korianderblad och lök ovanpå. Servera varm.

hela urad

(hela svarta gram)

för 4

Ingredienser

300g/10oz uradbönor*, tvättad

salt att smaka

1,25 liter / 2½ pints vatten

¼ tsk gurkmeja

½ tsk chilipulver

½ tsk torkat ingefärapulver

¾ tesked garam masala

1 msk ghee

½ tsk spiskummin

1 stor lök, finhackad

2 msk korianderblad, fint hackade

metod

- Koka uradbönorna med salt och vatten i en kastrull på medelvärme i 45 minuter.
- Tillsätt gurkmeja, chilipulver, ingefärapulver och garam masala. Blanda väl och låt sjuda i 5 minuter. Lägg åtsidan.
- Hetta upp ghee i en kastrull. Tillsätt spiskummin och låt dem bubbla i 15 sekunder. Tillsätt löken och fräs på medelvärme tills den är brun.
- Tillsätt lökblandningen till dhalen och blanda väl. Sjud i 10 minuter.
- Garnera med korianderbladen. Servera varm.

Dal Fry

(Delad röd gram med rostade kryddor)

för 4

Ingredienser

300g/10oz Toor Dhal*

1,5 liter vatten

½ tsk gurkmeja

salt att smaka

2 msk ghee

½ tsk senapsfrön

½ tsk spiskummin

½ tsk bockhornsklöverfrön

2,5 cm ingefärsrot, finhackad

2-3 vitlöksklyftor, finhackade

2 gröna chili, finhackad

1 liten lök, finhackad

1 tomat, finhackad

metod

- Koka dhal med vatten, gurkmeja och salt i en kastrull på medelvärme i 45 minuter. Blanda väl. Lägg åtsidan.
- Hetta upp ghee i en kastrull. Tillsätt senapsfrön, spiskummin och bockhornsklöverfrön. Få dem att stamma i 15 sekunder.
- Tillsätt ingefära, vitlök, grön chili, lök och tomat. Stek på medelvärme i 3-4 minuter, rör om ofta. Lägg till detta till dhal. Servera varm.

zunka

(Kryddigt Gram Mjöl Curry)

för 4

Ingredienser

750g/1lb 10oz mizzen*, torrrostad

400 ml vatten

4 matskedar raffinerad vegetabilisk olja

½ tsk senapsfrön

½ tsk spiskummin

½ tsk gurkmeja

3-4 gröna chili, skivade på längden

10 vitlöksklyftor, krossade

3 små lökar, fint hackade

1 tsk tamarindpasta

salt att smaka

metod

- Blanda besanen med tillräckligt med vatten för att göra en tjock pasta. Lägg åtsidan.

- Hetta upp oljan i en kastrull. Tillsätt senap och spiskummin. Få dem att stamma i 15 sekunder. Tillsätt resten av ingredienserna. Stek i en minut. Tillsätt besanpastan, rör hela tiden på låg värme tills den är tjock. Servera varm.

betor curry

för 4

Ingredienser

3 tsk vallmofrön

3 tsk sesamfrön

3 tsk korianderfrön

3 tsk färsk kokos, riven

125 g yoghurt

120ml/4fl oz raffinerad vegetabilisk olja

2 stora lökar, fint hackade

1½ tsk chilipulver

1 tsk ingefärspasta

1 tsk vitlökspasta

400 g rödbetor, hackade

salt att smaka

metod

- Torrrosta vallmo-, sesam- och korianderfröna och kokosen i 1-2 minuter. Mal till en pasta.

- Vispa denna pasta med yoghurten. Lägg åtsidan.

- Hetta upp oljan i en kastrull. Tillsätt resten av ingredienserna. Stek dem på medelvärme i 5 minuter. Tillsätt yoghurtblandningen. Sjud i 7-8 minuter. Servera varm.

Chhaner Dhalna

(Bengalisk stil paneer)

för 4

Ingredienser

2 msk senapsolja plus extra till stekning

225g/8oz panerare*, tärnad

1 tum kanel

3 gröna kardemummakapslar

4 kryddnejlika

½ tsk spiskummin

1 tsk gurkmeja

2 stora potatisar, tärnade och stekta

½ tsk chilipulver

2 tsk socker

salt att smaka

250 ml/8 flodvatten

2 msk korianderblad, hackade

metod

- Hetta upp olja för stekning i en panna. Tillsätt paneer och stek på medelvärme tills den är gyllenbrun. Häll av och ställ åt sidan.

- Hetta upp resterande olja i en kastrull. Tillsätt resten av ingredienserna förutom vattnet och korianderbladen. Stek i 2-3 minuter.

- Tillsätt vattnet. Sjud i 7-8 minuter. Lägg till panelen. Låt puttra i ytterligare 5 minuter. Garnera med korianderbladen. Servera varm.

majs med kokos

för 4

Ingredienser

2 msk ghee

600 g majskärnor, kokta

1 tsk socker

1 tsk salt

10 g korianderblad, fint hackade

För kokospastan:

50 g färsk kokos, riven

3 msk vallmofrön

1 tsk korianderfrön

1 tum ingefärsrot, finhackad

3 gröna chili

125 g jordnötter

metod

- Grovmala alla ingredienser till kokospastan. Hetta upp ghee i en panna. Tillsätt pastan och fräs i 4-5 minuter under konstant omrörning.

- Tillsätt majs, socker och salt. Koka på låg värme i 4-5 minuter.

- Garnera med korianderbladen. Servera varm.

Grön paprika med potatis

för 4

Ingredienser

2 matskedar raffinerad vegetabilisk olja

1 tsk spiskummin

10 vitlöksklyftor, fint hackade

3 stora potatisar, tärnade

2 tsk mald koriander

1 tsk malen spiskummin

½ tsk gurkmeja

½ tsk Amchoor*

½ tsk garam masala

salt att smaka

3 stora gröna paprikor, finhackade

3 msk korianderblad, hackade

metod

- Hetta upp oljan i en kastrull. Tillsätt spiskummin och vitlök. Stek i 30 sekunder.

- Tillsätt resten av ingredienserna förutom paprikan och korianderbladen. Stek på medelvärme i 5-6 minuter under omrörning.

- Tillsätt paprikan. Stek ytterligare 5 minuter på låg värme. Garnera med korianderbladen. Servera varm.

Kryddig ärtor med potatis

för 4

Ingredienser

2 matskedar raffinerad vegetabilisk olja

1 tsk ingefärspasta

1 stor lök, finhackad

2 stora potatisar, tärnade

500g/1lb 2oz konserverade ärter

½ tsk gurkmeja

salt att smaka

½ tsk garam masala

2 stora tomater, tärnade

½ tsk chilipulver

1 tsk socker

1 msk korianderblad, hackade

metod

- Hetta upp oljan i en kastrull. Tillsätt ingefärspasta och lök. Stek dem tills löken är genomskinlig.

- Tillsätt resten av ingredienserna förutom korianderbladen. Blanda väl. Täck med lock och koka på låg värme i 10 minuter.

- Garnera med korianderbladen. Servera varm.

Sauterade svampar

för 4

Ingredienser

2 matskedar raffinerad vegetabilisk olja

4 gröna chili, slits på längden

8 vitlöksklyftor, krossade

100 g grön paprika, skivad

400 g svamp, skivad

salt att smaka

½ tsk grovmalen svartpeppar

25g korianderblad, hackade

metod

- Hetta upp olja i en panna. Tillsätt grön chili, vitlök och grön paprika. Stek på medelvärme i 1-2 minuter.

- Tillsätt svamp, salt och peppar. Blanda väl. Stek på medelvärme tills de är mjuka. Garnera med korianderbladen. Servera varm.

Kryddig svamp med babymajs

för 4

Ingredienser

2 matskedar raffinerad vegetabilisk olja

1 tsk spiskummin

2 lagerblad

1 tsk ingefärspasta

2 gröna chili, finhackad

1 stor lök, finhackad

200 g svamp, halverad

8-10 liktornar, hackade

125 gram tomatpuré

½ tsk gurkmeja

salt att smaka

½ tsk garam masala

½ tsk socker

10 g korianderblad, hackade

metod

- Hetta upp oljan i en kastrull. Tillsätt spiskummin och lagerblad. Få dem att stamma i 15 sekunder.

- Tillsätt ingefärspasta, grön chili och lök. Stek i 1-2 minuter.

- Tillsätt resten av ingredienserna förutom korianderbladen. Blanda väl. Täck med lock och koka på låg värme i 10 minuter.

- Garnera med korianderbladen. Servera varm.

Torr kryddig blomkål

för 4

Ingredienser

750 g blomkålsbuketter

salt att smaka

nypa gurkmeja

4 lagerblad

750 ml/1¼ pints vatten

2 matskedar raffinerad vegetabilisk olja

4 kryddnejlika

4 gröna kardemummakapslar

1 stor lök, skivad

1 tsk ingefärspasta

1 tsk vitlökspasta

1 tsk garam masala

½ tsk chilipulver

¼ tsk mald svartpeppar

10 cashewnötter, malda

2 msk yoghurt

3 msk tomatpuré

3 msk smör

60ml/2fl oz singelkräm

metod

- Koka blomkålen med salt, gurkmeja, lagerblad och vatten i en kastrull på medelvärme i 10 minuter. Låt buketter rinna av och lägg i en ugnssäker form. Lägg åtsidan.

- Hetta upp oljan i en kastrull. Tillsätt kryddnejlika och kardemumma. Få dem att stamma i 15 sekunder.

- Tillsätt lök, ingefära och vitlökspasta. Stek i en minut.

- Tillsätt garam masala, chilipulver, peppar och cashewnötter. Stek i 1-2 minuter.

- Tillsätt yoghurt och tomatpuré. Blanda noggrant. Tillsätt smör och grädde. Rör om i en minut. Ta av värmen.

- Häll detta över blomkålsbuketterna. Grädda vid 150°C (300°F, gasmärke 2) i en förvärmd ugn i 8-10 minuter. Servera varm.

svamp curry

för 4

Ingredienser

3 matskedar raffinerad vegetabilisk olja

2 stora lökar, rivna

1 tsk ingefärspasta

1 tsk vitlökspasta

½ tsk gurkmeja

1 tsk chilipulver

1 tsk mald koriander

400 g champinjoner, fjärdedelar

200 gram ärtor

2 tomater, fint hackade

½ tsk garam masala

salt att smaka

20 cashewnötter, malda

240ml/6fl oz vatten

metod

- Hetta upp oljan i en kastrull. Tillsätt löken. Stek dem tills de är bruna.

- Tillsätt ingefärspasta, vitlökspasta, gurkmeja, chilipulver och mald koriander. Stek på medelvärme i en minut.

- Tillsätt resten av ingredienserna. Blanda väl. Täck med lock och låt sjuda i 8-10 minuter. Servera varm.

Baingan Bharta

(Rostad aubergine)

för 4

Ingredienser

1 stor aubergine

3 matskedar raffinerad vegetabilisk olja

1 stor lök, finhackad

3 gröna chili, slits på längden

¼ tsk gurkmeja

salt att smaka

½ tsk garam masala

1 tomat, finhackad

metod

- Pricka auberginen överallt med en gaffel och grilla i 25 minuter. När det svalnat, kassera det rostade skinnet och mosa köttet. Lägg åtsidan.

- Hetta upp oljan i en kastrull. Tillsätt löken och grön chili. Stek i 2 minuter på medelvärme.

- Tillsätt gurkmeja, salt, garam masala och tomat. Blanda väl. Stek i 5 minuter. Tillsätt den mosade auberginen. Blanda väl.

- Koka på låg värme i 8 minuter, rör om då och då. Servera varm.

Grönsaker Hyderabadi

för 4

Ingredienser

2 matskedar raffinerad vegetabilisk olja

½ tsk senapsfrön

1 stor lök, finhackad

400 g frysta blandade grönsaker

½ tsk gurkmeja

salt att smaka

För kryddblandningen:

1 tum ingefära rot

8 vitlöksklyftor

2 kryddnejlika

1 tum kanel

1 tsk bockhornsklöverfrön

3 gröna chili

4 matskedar färsk kokos, riven

10 cashewnötter

metod

- Mal ihop alla ingredienserna till kryddblandningen. Lägg åtsidan.

- Hetta upp oljan i en kastrull. Tillsätt senapsfröna. Få dem att stamma i 15 sekunder. Tillsätt löken och fräs tills den är brun.

- Tillsätt resterande ingredienser och den malda kryddblandningen. Blanda väl. Koka på låg värme i 8-10 minuter. Servera varm.

Kadu Bhaji*

(Torr röd pumpa)

för 4

Ingredienser

3 matskedar raffinerad vegetabilisk olja

½ tsk spiskummin

¼ tsk bockhornsklöverfrön

600 g pumpa, tunt skivad

salt att smaka

½ tsk rostad malen spiskummin

½ tsk chilipulver

¼ tsk gurkmeja

1 tsk amchor*

1 tsk socker

metod

- Hetta upp oljan i en kastrull. Tillsätt spiskummin och bockhornsklöverfrön. Få dem att stamma i 15 sekunder. Tillsätt pumpa och salt. Blanda väl. Täck med lock och koka på medelvärme i 8 minuter.

- Avtäck och mosa lätt med baksidan av en sked. Tillsätt resten av ingredienserna. Blanda väl. Koka 5 minuter. Servera varm.

Muthia nu Shak

(Bockhornsklöver dumplings i sås)

för 4

Ingredienser

200 g färska bockhornsklöver, finhackade

salt att smaka

125 g fullkornsmjöl

125 g mizzen*

2 gröna chili, finhackad

1 tsk ingefärspasta

3 tsk socker

saft av 1 citron

½ tsk garam masala

½ tsk gurkmeja

Nypa bikarbonat läsk

3 matskedar raffinerad vegetabilisk olja

½ tsk ajwain frön

½ tsk senapsfrön

nypa asafoetida

250 ml/8 flodvatten

metod

- Blanda bockhornsklöverbladen med saltet. Ställ åt sidan i 10 minuter. Krama ut fukten.

- Blanda bockhornsklöverbladen med mjöl, besan, grön chili, ingefärspasta, socker, citronsaft, garam masala, gurkmeja och bakpulver. Knåda ihop till en mjuk deg.

- Dela degen i 30 valnötsstora bollar. Platta till något för att bilda muthias. Lägg åtsidan.

- Hetta upp oljan i en kastrull. Tillsätt ajwainfrön, senapsfrön och asafoetida. Få dem att stamma i 15 sekunder.

- Tillsätt muthias och vattnet.

- Täck med lock och låt sjuda i 10-15 minuter. Servera varm.

pumpa koot

(pumpa i linscurry)

för 4

Ingredienser

50 g färsk kokos, riven

1 tsk spiskummin

2 röda chili

150 g mung dhal*, blötlagd i 30 minuter och dränerad

2 msk chana dhal*

salt att smaka

500 ml/16 floz vatten

2 matskedar raffinerad vegetabilisk olja

250 g pumpa, tärnad

¼ tsk gurkmeja

metod

- Mal kokos, spiskummin och röd chili till en pasta. Lägg åtsidan.

- Blanda dhals med salt och vatten. Koka denna blandning i en kastrull på medelhög värme i 40 minuter. Lägg åtsidan.

- Hetta upp oljan i en kastrull. Tillsätt pumpa, gurkmeja, kokta dhals och kokospastan. Blanda väl. Sjud i 10 minuter. Servera varm.

lopp

(blomkål och ärtor i sås)

för 4

Ingredienser

2 matskedar raffinerad vegetabilisk olja plus extra för stekning

250 g blomkålsbuketter

2 msk färsk kokos, riven

1 cm ingefärsrot, krossad

4-5 gröna chili, skär på längden

2-3 tomater, finhackade

400 g frysta ärtor

1 tsk socker

salt att smaka

metod

- Hetta upp olja för stekning i en kastrull. Tillsätt blomkålen. Stek på medelvärme tills de är gyllenbruna. Häll av och ställ åt sidan.
- Mal kokos, ingefära, grön chili och tomater. Hetta upp 2 msk olja i en kastrull. Tillsätt denna pasta och stek i 1-2 minuter.
- Tillsätt blomkålen och resten av ingredienserna. Blanda väl. Koka på låg värme i 4-5 minuter. Servera varm.

Doodhi Manpasand

(flaska kalebass i sås)

för 4

Ingredienser

3 matskedar raffinerad vegetabilisk olja

3 torkade röda chili

1 stor lök, finhackad

500g/1lb 2oz flaska kalebass*, hackad

¼ tsk gurkmeja

2 tsk mald koriander

1 tsk malen spiskummin

½ tsk chilipulver

½ tsk garam masala

2,5 cm ingefärsrot, finhackad

2 tomater, fint hackade

1 grön paprika, kärnad, urkärnad och finhackad

salt att smaka

2 tsk korianderblad, fint hackade

metod

- Hetta upp oljan i en kastrull. Fräs röd chili och lök i 2 minuter.
- Tillsätt resten av ingredienserna förutom korianderbladen. Blanda väl. Koka på låg värme i 5-7 minuter. Garnera med korianderbladen. Servera varm.

Tomat Chokha

(tomatkompott)

för 4

Ingredienser

6 stora tomater

2 matskedar raffinerad vegetabilisk olja

1 stor lök, finhackad

8 vitloksklyftor, fint hackade

1 grön chili, finhackad

½ tsk chilipulver

10 g korianderblad, fint hackade

salt att smaka

metod

- Grilla tomaterna i 10 minuter. Skala och mosa till massa. Lägg åtsidan.
- Hetta upp oljan i en kastrull. Tillsätt lök, vitlök och grön chili. Stek i 2-3 minuter. Tillsätt resterande ingredienser och tomatpurén. Blanda väl. Täck med lock och koka i 5-6 minuter. Servera varm.

Baingan Chokha

(auberginekompott)

för 4

Ingredienser

1 stor aubergine

2 matskedar raffinerad vegetabilisk olja

1 liten lök, hackad

8 vitlöksklyftor, fint hackade

1 grön chili, finhackad

1 tomat, finhackad

60 g majskärnor, kokta

10 g korianderblad, fint hackade

salt att smaka

metod

- Pricka auberginen överallt med en gaffel. Grilla i 10-15 minuter. Skala och mosa till massa. Lägg åtsidan.
- Hetta upp oljan i en kastrull. Tillsätt lök, vitlök och grön chili. Stek dem på medelvärme i 5 minuter.
- Tillsätt resterande ingredienser och auberginemassan. Blanda väl. Koka i 3-4 minuter. Servera varm.

Blomkål ärter Curry

för 4

Ingredienser

3 matskedar raffinerad vegetabilisk olja

¼ tsk gurkmeja

3 gröna chili, slits på längden

1 tsk mald koriander

1 tum ingefära rot, riven

250 g blomkålsbuketter

400 g färska gröna ärtor

60 ml/2 flodvatten

salt att smaka

1 msk korianderblad, fint hackade

metod

- Hetta upp oljan i en kastrull. Tillsätt gurkmeja, grön chili, mald koriander och ingefära. Stek i en minut på medelvärme.
- Tillsätt resten av ingredienserna förutom korianderbladen. Blanda väl och låt sjuda i 10 minuter.
- Garnera med korianderbladen. Servera varm.

Aloo Methi ki Sabzi

(potatis och bockhornsklöver curry)

för 4

Ingredienser

100 g bockhornsklöver blad, hackade

salt att smaka

4 matskedar raffinerad vegetabilisk olja

1 tsk spiskummin

5-6 gröna chili

¼ tsk gurkmeja

nypa asafoetida

6 stora potatisar, kokta och hackade

metod

- Blanda bockhornsklöverbladen med saltet. Ställ åt sidan i 10 minuter.
- Hetta upp oljan i en kastrull. Tillsätt spiskummin, chili och gurkmeja. Få dem att stamma i 15 sekunder.
- Tillsätt resterande ingredienser och bockhornsklöverbladen. Blanda väl. Koka på låg värme i 8-10 minuter. Servera varm.

Sötsyrliga Karela

för 4

Ingredienser

500 g beska kalebasser*

salt att smaka

750 ml/1¼ pints vatten

1 cm ingefärsrot

10 vitlöksklyftor

4 stora lökar, hackade

4 matskedar raffinerad vegetabilisk olja

nypa asafoetida

½ tsk gurkmeja

1 tsk mald koriander

1 tsk malen spiskummin

1 tsk tamarindpasta

2 matskedar jaggery*, riven

metod

- Skala de bittra kalebasserna. Skär i skivor och blötlägg i saltat vatten i 1 timme. Skölj och krama ur överflödigt vatten. Tvätta och ställ åt sidan.
- Mal ingefära, vitlök och lök till en pasta. Lägg åtsidan.
- Hetta upp oljan i en kastrull. Tillsätt asafoetida. Låt det stamma i 15 sekunder. Tillsätt ingefärslökspastan och resten av ingredienserna. Blanda väl. Stek i 3-4 minuter. Tillsätt de bittra kalebasserna. Blanda väl. Täck med lock och koka på svag värme i 8-10 minuter. Servera varm.

Karela Koshimbir

(Crispy krossad bitter kalebass)

för 4

Ingredienser

500 g beska kalebasser*, skalade av

salt att smaka

Raffinerad vegetabilsk olja för stekning

2 medelstora lökar, hackade

50 g korianderblad, hackade

3 gröna chili, finhackad

½ färsk kokos, riven

1 msk citronsaft

metod

- Skiva de bittra kalebasserna. Gnid in med salt och låt stå i 2-3 timmar.
- Hetta upp oljan i en kastrull. Tillsätt de bittra kalebasserna och stek på medelvärme tills de är bruna och krispiga. Låt rinna av, svalna något och mosa med fingrarna.

- Blanda resterande ingredienser i en skål. Tillsätt pumporna och servera varma.

Karela Curry

(Bitter Pumpkin Curry)

för 4

Ingredienser

½ kokos

2 röda chili

1 tsk spiskummin

3 matskedar raffinerad vegetabilisk olja

1 nypa asafoetida

2 stora lökar, fint hackade

2 gröna chili, finhackad

salt att smaka

½ tsk gurkmeja

500 g beska kalebasser*, skalad och hackad

2 tomater, fint hackade

metod

- Riv hälften av kokosen och hacka resten. Lägg åtsidan.
- Torrstekt (se matlagningstekniker) Torkad kokos, röd chili och spiskummin. Låt svalna och mal till en fin deg. Lägg åtsidan.
- Hetta upp olja i en panna. Tillsätt asafoetida, lök, grön chili, salt, gurkmeja och hackad kokos. Stek i 3 minuter, rör om ofta.
- Tillsätt de bittra kalebasserna och tomaterna. Koka i 3-4 minuter.
- Tillsätt den malda kokospastan. Koka i 5-7 minuter och servera varm.

Chili blomkål

för 4

Ingredienser

3 matskedar raffinerad vegetabilisk olja

5 cm ingefärsrot, finhackad

12 vitlöksklyftor, fint hackade

1 blomkål, skuren i buketter

5 röda chili, i fjärdedelar och urkärnade

6 vårlökar, halverade

3 tomater, blancherade och hackade

salt att smaka

metod

- Hetta upp oljan i en kastrull. Tillsätt ingefära och vitlök. Stek i en minut på medelvärme.
- Tillsätt blomkål och röd chili. Stek i 5 minuter.
- Tillsätt resten av ingredienserna. Blanda väl. Koka på låg värme i 7-8 minuter. Servera varm.

Nötig curry

för 4

Ingredienser

4 msk ghee

10 g cashewnötter

10 g mandel, blancherad

10-12 jordnötter

5-6 russin

10 pistagenötter

10 valnötter, hackade

1 tum ingefära rot, riven

6 vitlöksklyftor, krossade

4 små lökar, fint hackade

4 tomater, fint hackade

4 dadlar, urkärnade och skivade

½ tsk gurkmeja

125 g/4½ oz khoya*

1 tsk garam masala

salt att smaka

75g/2½ cheddarost, riven

1 msk korianderblad, hackade

metod

- Hetta upp ghee i en panna. Tillsätt alla nötter och fräs på medelvärme tills de är gyllenbruna. Häll av och ställ åt sidan.
- Bryn ingefära, vitlök och lök i samma ghee.
- Tillsätt de rostade nötterna och alla övriga ingredienser utom osten och korianderbladen. Täck med ett lock. Koka på låg värme i 5 minuter.
- Garnera med ost och korianderblad. Servera varm.

Daikon lämnar Bhaaji

för 4

Ingredienser

2 matskedar raffinerad vegetabilisk olja

¼ tsk mald spiskummin

2 röda chili, delade i bitar

nypa asafoetida

400 g daikonblad*, hackad

300 g chana dhal*, blötlagd i 1 timme

1 tsk jaggery*, riven

¼ tsk gurkmeja

salt att smaka

metod

- Hetta upp oljan i en kastrull. Tillsätt spiskummin, röd chili och asafoetida.
- Få dem att stamma i 15 sekunder. Tillsätt resten av ingredienserna. Blanda väl. Koka på låg värme i 10-15 minuter. Servera varm.

Chole Aloo

(kikärter och potatiscurry)

för 4

Ingredienser

500 g kikärter, blötlagda över natten

Nypa bikarbonat läsk

salt att smaka

1 liter / 1¾ pints vatten

3 msk ghee

1 tum ingefärsrot, finhackad

2 stora lökar, rivna, plus 1 liten lök, skivad

2 tomater, tärnade

1 tsk garam masala

1 tsk malen spiskummin, torrrostad (se matlagningstekniker)

½ tsk mald grön kardemumma

½ tsk gurkmeja

2 stora potatisar, kokta och tärnade

2 tsk tamarindpasta

1 msk korianderblad, hackade

metod

- Koka kikärtorna med bakpulver, salt och vatten i en kastrull på medelvärme i 45 minuter. Häll av och ställ åt sidan.
- Hetta upp ghee i en kastrull. Tillsätt ingefära och riven lök. Stek tills det är genomskinligt. Tillsätt resten av ingredienserna förutom korianderbladen och den skivade löken. Blanda väl. Tillsätt kikärtorna och koka i 7-8 minuter.
- Garnera med korianderbladen och skivad lök. Servera varm.

Jordnötscurry

för 4

Ingredienser

1 tsk vallmofrön

1 tsk korianderfrön

1 tsk spiskummin

2 röda chili

25g färsk kokos, riven

3 msk ghee

2 små lökar, rivna

900 g jordnötter, krossade

1 tsk amchor*

½ tsk gurkmeja

1 stor tomat, blancherad och hackad

2 tsk jaggery*, riven

500 ml/16 floz vatten

salt att smaka

15 g korianderblad, hackade

metod

- Mal vallmofrön, koriander, spiskummin, röd chili och kokos till en fin pasta. Lägg åtsidan.
- Hetta upp ghee i en kastrull. Tillsätt löken. Stek tills det är genomskinligt.
- Tillsätt maldmassan och resten av ingredienserna förutom korianderbladen. Blanda väl. Sjud i 7-8 minuter.
- Garnera med korianderbladen. Servera varm.

Franska bönor upkari

(Franska bönor med kokos)

för 4

Ingredienser

1 msk raffinerad vegetabilisk olja

½ tsk senapsfrön

½ tsk urad dhal*

2-3 röda chili, trasiga

500g / 1lb 2oz bönor, hackade

1 tsk jaggery*, riven

salt att smaka

25g färsk kokos, riven

metod

- Hetta upp oljan i en kastrull. Tillsätt senapsfröna. Få dem att stamma i 15 sekunder.
- Tillsätt chal. rostad gyllenbrun. Tillsätt resten av ingredienserna förutom kokosen. Blanda väl. Koka på låg värme i 8-10 minuter.
- Garnera med kokosen. Servera varm.

Karatey Ambadey

(Bitter kalebass och omogen mangocurry)

för 4

Ingredienser

250 g bitter kalebass*, klippa

salt att smaka

60 g jaggery*, riven

1 tsk raffinerad vegetabilisk olja

4 torra röda chili

1 tsk urad dhal*

1 tsk bockhornsklöverfrön

2 tsk korianderfrön

50 g färsk kokos, riven

¼ tsk gurkmeja

4 små omogna mango

metod

- Gnid in de bittra kalebassbitarna med saltet. Avsätt en timme.
- Krama ur vattnet ur pumpabitarna. Koka dem i en kastrull med jaggery på medelvärme i 4-5 minuter. Lägg åtsidan.
- Hetta upp oljan i en kastrull. Tillsätt röd chili, dhal, bockhornsklöver och korianderfrön. Stek i en minut. Tillsätt den beska kalebassen och resten av ingredienserna. Blanda väl. Koka på låg värme i 4-5 minuter. Servera varm.

Kadhai Paneer

(Spicy Paneer)

för 4

Ingredienser

2 matskedar raffinerad vegetabilisk olja

1 stor lök, skivad

3 stora gröna paprikor, fint hackade

500g/1lb 2oz paneer*, skär i 2,5 cm bitar

1 tomat, finhackad

¼ tsk mald koriander, torrrostad (se matlagningstekniker)

salt att smaka

10 g korianderblad, hackade

metod

- Hetta upp oljan i en kastrull. Tillsätt lök och paprika. Stek på medelvärme i 2-3 minuter.
- Tillsätt resten av ingredienserna förutom korianderbladen. Blanda väl. Koka på låg värme i 5 minuter. Garnera med korianderbladen. Servera varm.

Kathirikkai Vangi

(Sydindisk aubergine curry)

för 4

Ingredienser

150 g masoor dhal*

salt att smaka

¼ tsk gurkmeja

500 ml/16 floz vatten

250 g tunna auberginer, skivade

1 tsk raffinerad vegetabilisk olja

¼ tsk senapsfrön

1 tsk tamarindpasta

8-10 curryblad

1 tsk sambharpulver*

metod

- Blanda masoor dhal med salt, en nypa gurkmeja och hälften av vattnet. Koka i en kastrull på medelvärme i 40 minuter. Lägg åtsidan.
- Koka auberginema i en annan kastrull med salt och resterande gurkmeja och vatten på medelhög värme i 20 minuter. Lägg åtsidan.
- Hetta upp oljan i en kastrull. Tillsätt senapsfröna. Få dem att stamma i 15 sekunder. Tillsätt resten av ingredienserna, dhal och aubergine. Blanda väl. Sjud i 6-7 minuter. Servera varm.

Pitla

(Kryddigt Gram Mjöl Curry)

för 4

Ingredienser

250 g blandare*

500 ml/16 floz vatten

2 matskedar raffinerad vegetabilisk olja

¼ tsk senapsfrön

2 stora lökar, fint hackade

6 vitlöksklyftor, krossade

2 msk tamarindpasta

1 tsk garam masala

salt att smaka

1 msk korianderblad, hackade

metod

- Blanda besan och vatten. Lägg åtsidan.
- Hetta upp oljan i en kastrull. Tillsätt senapsfröna. Få dem att stamma i 15 sekunder. Tillsätt lök och vitlök. stek tills löken är brun.
- Tillsätt besanpastan. Koka på låg värme tills det börjar koka.
- Tillsätt resten av ingredienserna. Sjud i 5 minuter. Servera varm.

Blomkål masala

för 4

Ingredienser

1 stor blomkål, förkokt (se matlagningstekniker) i saltvatten

3 matskedar raffinerad vegetabilisk olja

2 msk korianderblad, fint hackade

1 tsk mald koriander

½ tsk malen spiskummin

¼ tsk mald ingefära

salt att smaka

120 ml/4 flodvatten

Till såsen:

200 g yoghurt

1 msk mizzen*, torrrostad (se matlagningstekniker)

¾ tsk chilipulver

metod

- Låt blomkålen rinna av och dela i buketter.
- Hetta upp 2 msk olja i en panna. Tillsätt blomkålen och stek på medelvärme tills den är gyllenbrun. Lägg åtsidan.
- Blanda alla ingredienser till såsen.
- Hetta upp 1 msk olja i en kastrull och tillsätt denna blandning. Stek i en minut.
- Täck med lock och låt sjuda i 8-10 minuter.
- Tillsätt blomkålen. Blanda väl. Sjud i 5 minuter.
- Garnera med korianderbladen. Servera varm.

Shukna Kacha Pepe

(Grön papaya curry)

för 4

Ingredienser

150 g chana dhal*, blötlagd över natten, dränerad och mald till en pasta

3 matskedar raffinerad vegetabilisk olja plus för stekning

2 hela torra röda chili

½ tsk bockhornsklöverfrön

½ tsk senapsfrön

1 omogen papaya, skalad och riven

1 tsk gurkmeja

1 matsked socker

salt att smaka

metod

- Dela dhalpastan i valnötsstora bollar. Platta till tunna skivor.
- Hetta upp olja för stekning i en panna. Lägg till skivorna. Stek på medelvärme tills de är gyllenbruna. Låt rinna av och bryt i små bitar. Lägg åtsidan.
- Hetta upp resterande olja i en kastrull. Tillsätt chili, bockhornsklöver och senapsfrön. Få dem att stamma i 15 sekunder.
- Tillsätt resten av ingredienserna. Blanda väl. Täck med lock och koka på svag värme i 8-10 minuter. Lägg till dhal-bitarna. Blanda väl och servera.

Torr okra

för 4

Ingredienser

3 msk senapsolja

½ tsk Kalonji frön*

750 g okra, slits på längden

salt att smaka

½ tsk chilipulver

½ tsk gurkmeja

2 tsk socker

3 tsk mald senap

1 msk tamarindpasta

metod

- Hetta upp oljan i en kastrull. Fräs lökfröna och okran i 5 minuter.
- Tillsätt salt, chilipulver, gurkmeja och socker. Täck med ett lock. Koka på låg värme i 10 minuter.
- Tillsätt resten av ingredienserna. Blanda väl. Koka i 2-3 minuter. Servera varm.

Moghlai blomkål

för 4

Ingredienser

5 cm ingefärsrot

2 tsk spiskummin

6-7 svartpepparkorn

500 g blomkålsbuketter

salt att smaka

2 msk ghee

2 lagerblad

200 g yoghurt

500 ml kokosmjölk

1 tsk socker

metod

- Mal ingefära, spiskummin och pepparkorn till en fin deg.
- Marinera blomkålsbuketterna med denna pasta och salta dem i 20 minuter.
- Hetta upp ghee i en panna. Tillsätt buketter. rostad gyllenbrun. Tillsätt resten av ingredienserna. Blanda väl. Täck med lock och låt sjuda i 7-8 minuter. Servera varm.

Bhapa Shorshe Baingan

(aubergine i senapssås)

för 4

Ingredienser

2 långa auberginer

salt att smaka

¼ tsk gurkmeja

3 matskedar raffinerad vegetabilisk olja

3 msk senapsolja

2-3 msk färdig senap

1 msk korianderblad, fint hackade

1-2 gröna chili, finhackad

metod

- Skär varje aubergine på längden i 8-12 bitar. Marinera med salt och gurkmeja i 5 minuter.

- Hetta upp oljan i en kastrull. Lägg i aubergineskivorna och täck med lock. Koka på medelhög värme i 3-4 minuter, vänd då och då.
- Vispa senapsoljan med senapen och lägg i auberginerna. Blanda väl. Koka i en minut på medelvärme.
- Garnera med korianderblad och grön chili. Servera varm.

Bakade grönsaker i en kryddig sås

för 4

Ingredienser

2 msk smör

4 vitlöksklyftor, fint hackade

1 stor lök, finhackad

1 msk vitt mjöl

200 g frysta blandade grönsaker

salt att smaka

1 tsk chilipulver

1 tsk senapsmassa

250ml/8fl oz ketchup

4 stora potatisar, kokta och skivade

250 ml/8fl oz vit sås

4 msk riven cheddarost

metod

- Hetta upp smöret i en kastrull. Tillsätt vitlök och lök. Stek tills det är genomskinligt. Tillsätt mjölet och stek en minut.
- Tillsätt grönsaker, salt, chilipulver, senapsmassa och ketchup. Koka på medelvärme i 4-5 minuter. Lägg åtsidan.
- Smörj en ugnsform. Ordna grönsaksblandningen och potatisen växelvis i lager. Häll den vita såsen och osten ovanpå.
- Grädda i ugnen i 200°C (400°F, gasmark 6) i 20 minuter. Servera varm.

Välsmakande tofu

för 4

Ingredienser

2 matskedar raffinerad vegetabilisk olja

3 små lökar, rivna

1 tsk ingefärspasta

1 tsk vitlökspasta

3 tomater, mosade

50 g grekisk yoghurt, vispad

400 g tofu, skuren i 2,5 cm stora bitar

25g korianderblad, fint hackade

salt att smaka

metod

- Hetta upp oljan i en kastrull. Tillsätt lök, ingefärspasta och vitlökspasta. Stek i 5 minuter på medelvärme.
- Tillsätt resten av ingredienserna. Blanda väl. Sjud i 3-4 minuter. Servera varm.

Aloo Baingan

(potatis och aubergine curry)

för 4

Ingredienser

3 matskedar raffinerad vegetabilisk olja

1 tsk senapsfrön

½ tsk asafoetida

1 cm ingefärsrot, finhackad

4 gröna chili, slits på längden

10 vitlöksklyftor, fint hackade

6 curryblad

½ tsk gurkmeja

3 stora potatisar, kokta och tärnade

250 g auberginer, hackade

½ tsk Amchoor*

salt att smaka

metod

- Hetta upp oljan i en kastrull. Tillsätt senapsfrön och asafoetida. Få dem att stamma i 15 sekunder.
- Tillsätt ingefära, grön chili, vitlök och curryblad. Stek i 1 minut under konstant omrörning.
- Tillsätt resten av ingredienserna. Blanda väl. Täck med lock och låt sjuda i 10-12 minuter. Servera varm.

Sugar snap pea curry

för 4

Ingredienser

500 g / 1 lb 2 oz sockerärter

2 matskedar raffinerad vegetabilisk olja

1 tsk ingefärspasta

1 stor lök, finhackad

2 stora potatisar, skalade och tärnade

½ tsk gurkmeja

½ tsk garam masala

½ tsk chilipulver

1 tsk socker

2 stora tomater, tärnade

salt att smaka

metod

- Dra bort trådarna från kanterna på ärtsköldarna. Hacka baljorna. Lägg åtsidan.
- Hetta upp oljan i en kastrull. Tillsätt ingefärspasta och lök. Stek tills det är genomskinligt. Tillsätt resterande ingredienser och baljorna. Blanda väl. Täck med lock och koka på svag värme i 7-8 minuter. Servera varm.

Potatispumpa Curry

för 4

Ingredienser

2 matskedar raffinerad vegetabilisk olja

1 tsk Panch Phoron*

nypa asafoetida

1 torkad röd chili, delad i bitar

1 lagerblad

4 stora potatisar, tärnade

200 g pumpa, tärnad

½ tsk ingefärspasta

½ tsk vitlökspasta

1 tsk malen spiskummin

1 tsk mald koriander

¼ tsk gurkmeja

½ tsk garam masala

1 tsk amchor*

500 ml/16 floz vatten

salt att smaka

metod

- Hetta upp oljan i en kastrull. Tillsätt panchforonen. Få dem att stamma i 15 sekunder.
- Tillsätt asafoetida, röda chilibitar och lagerbladet. Stek i en minut.
- Tillsätt resten av ingredienserna. Blanda väl. Sjud i 10-12 minuter. Servera varm.

Ägg Thoran

(kryddig äggröra)

för 4

Ingredienser

60ml/2fl oz raffinerad vegetabilisk olja

¼ tsk senapsfrön

2 lökar, fint hackade

1 stor tomat, finhackad

1 tsk nymalen svartpeppar

salt att smaka

4 ägg, vispade

25g färsk kokos, riven

50 g korianderblad, hackade

metod

- Hetta upp olja i en kastrull och fräs senapsfrön. Få dem att stamma i 15 sekunder. Tillsätt löken och fräs tills den är brun. Tillsätt tomat, peppar och salt. Stek i 2-3 minuter.
- Tillsätt äggen. Koka på låg värme, rör hela tiden.
- Garnera med kokos och korianderblad. Servera varm.

Baingan Lajawab

(aubergine med blomkål)

för 4

Ingredienser

4 stora auberginer

2 matskedar raffinerad vegetabilisk olja plus extra för stekning

1 tsk spiskummin

½ tsk gurkmeja

2,5 cm ingefärsrot, mald

2 gröna chili, finhackad

1 tsk amchor*

salt att smaka

100 g frysta ärtor

metod

- Skär varje aubergine på längden och skrapa ur fruktköttet.
- Värm oljan. Tillsätt aubergineskalen. Stek i 2 minuter. Lägg åtsidan.
- Hetta upp 2 msk olja i en kastrull. Tillsätt spiskummin och gurkmeja. Få dem att stamma i 15 sekunder. Tillsätt resterande ingredienser och auberginekött. Mosa lätt och koka på låg värme i 5 minuter.
- Fyll försiktigt aubergineskalen med denna blandning. Grilla i 3-4 minuter. Servera varm.

Grönsak Bahar

(Grönsaker i nötsås)

för 4

Ingredienser

3 matskedar raffinerad vegetabilisk olja

1 stor lök, finhackad

2 stora tomater, fint hackade

1 tsk ingefärspasta

1 tsk vitlökspasta

20 cashewnötter, malda

2 msk valnötter, malda

2 msk vallmofrön

200 g yoghurt

100 g frysta blandade grönsaker

1 tsk garam masala

salt att smaka

metod

- Hetta upp oljan i en kastrull. Tillsätt löken. Bryn på medelvärme. Tillsätt tomater, ingefärspasta, vitlökspasta, cashewnötter, valnötter och vallmofrön. Stek i 3-4 minuter.
- Tillsätt resten av ingredienserna. Koka i 7-8 minuter. Servera varm.

Fyllda grönsaker

för 4

Ingredienser

4 små potatisar

100 gram okra

4 små auberginer

4 matskedar raffinerad vegetabilisk olja

½ tsk senapsfrön

nypa asafoetida

För fyllningen:

250 g blandare*

1 tsk mald koriander

1 tsk malen spiskummin

½ tsk gurkmeja

1 tsk chilipulver

1 tsk garam masala

salt att smaka

metod

- Blanda ihop alla ingredienser till fyllningen. Lägg åtsidan.
- Skär potatis, okra och aubergine. Fyll med fyllningen. Lägg åtsidan.
- Hetta upp oljan i en kastrull. Tillsätt senapsfrön och asafoetida. Få dem att stamma i 15 sekunder. Tillsätt de fyllda grönsakerna. Täck med lock och koka på svag värme i 8-10 minuter. Servera varm.

Singhi Aloo

(klubbor med potatis)

för 4

Ingredienser

5 matskedar raffinerad vegetabilisk olja

3 små lökar, fint hackade

3 gröna chili, finhackad

2 stora tomater, fint hackade

2 tsk mald koriander

salt att smaka

5 indiska trumpinnar*, skär i 7,5 cm bitar

2 stora potatisar, hackade

360 ml/12 floz vatten

metod

- Hetta upp oljan i en kastrull. Tillsätt lök och chili. Stek dem på låg värme i någon minut.
- Tillsätt tomater, mald koriander och salt. Stek i 2-3 minuter.
- Tillsätt klubborna, potatisen och vattnet. Blanda väl. Sjud i 10-12 minuter. Servera varm.

Sindhi curry

för 4

Ingredienser

150 g masoor dhal*

salt att smaka

1 liter / 1¾ pints vatten

4 tomater, fint hackade

5 matskedar raffinerad vegetabilisk olja

½ tsk spiskummin

¼ tsk bockhornsklöverfrön

8 curryblad

3 gröna chili, slits på längden

¼ tsk asafoetida

4 msk mizzen*

½ tsk chilipulver

½ tsk gurkmeja

8 okra, slits på längden

10 bönor, tärnade

6-7 kokum*

1 stor morot, finhackad

1 stor potatis, tärnad

metod

- Blanda dhal med salt och vatten. Koka denna blandning i en kastrull på medelvärme i 45 minuter, rör om då och då.
- Tillsätt tomaterna och låt sjuda i 7-8 minuter. Lägg åtsidan.
- Hetta upp oljan i en kastrull. Tillsätt spiskummin och bockhornsklöverfrön, curryblad, grön chili och asafoetida. Få dem att stamma i 30 sekunder.
- Tillsätt mizzen. Stek i en minut, rör hela tiden.
- Tillsätt resten av ingredienserna och dhal mix. Blanda noggrant. Sjud i 10 minuter. Servera varm.

Gulnar Kofta

(paneerbollar i spenat)

för 4

Ingredienser

150 g blandad torkad frukt

200 g Khoya*

4 stora potatisar, kokta och mosade

150 g panerare*, smulas sönder

100 g cheddarost

2 tsk majsstärkelse

Raffinerad vegetabilisk olja för stekning

2 tsk smör

100 g spenat, finhackad

1 tsk enkel kräm

salt att smaka

För kryddblandningen:

2 kryddnejlika

1 cm kanel

3 svartpepparkorn

metod

- Blanda den torkade frukten med khoya. Lägg åtsidan.
- Mal ihop alla ingredienserna till kryddblandningen. Lägg åtsidan.
- Blanda potatis, paneer, ost och maizena till en smet. Dela degen i valnötsstora bollar och platta till skivor. Lägg en del av den torra frukt- och khoyablandningen på varje skiva och förslut som en påse.
- Forma till valnötsstora bollar till koftas. Lägg åtsidan.
- Hetta upp olja i en panna. Tillsätt koftas och stek på medelvärme tills de är gyllenbruna. Låt rinna av och ställ åt sidan i en serveringsskål.
- Hetta upp smöret i en kastrull. Tillsätt den malda kryddblandningen. Stek i en minut.
- Tillsätt spenaten och koka i 2-3 minuter.
- Tillsätt grädde och salt. Blanda väl. Häll denna blandning över koftas. Servera varm.

Paneer Korma

(Rich Paneer Curry)

för 4

Ingredienser

500g/1lb 2oz paneer*

3 matskedar raffinerad vegetabilisk olja

1 stor lök, hackad

1 tum ingefärsrot, finhackad

8 vitlöksklyftor, krossade

2 gröna chili, finhackad

1 stor tomat, finhackad

¼ tsk gurkmeja

½ tsk mald koriander

½ tsk malen spiskummin

1 tsk chilipulver

½ tsk garam masala

125 g yoghurt

salt att smaka

250 ml/8 flodvatten

2 msk korianderblad, fint hackade

metod

- Riv hälften av paneren och skär resten i 1 tums bitar.
- Hetta upp olja i en panna. Lägg till paneerbitarna. Stek dem på medelvärme tills de är gyllenbruna. Häll av och ställ åt sidan.
- Fräs lök, ingefära, vitlök och grön chili i samma olja på medelvärme i 2-3 minuter.
- Tillsätt tomaten. Stek i 2 minuter.
- Tillsätt gurkmeja, mald koriander, mald spiskummin, chilipulver och garam masala. Blanda väl. Stek i 2-3 minuter.
- Tillsätt yoghurt, salt och vatten. Blanda väl. Sjud i 8-10 minuter.
- Lägg till de stekta paneerbitarna. Blanda väl. Sjud i 5 minuter.
- Garnera med riven paneer och korianderblad. Servera varm.

Chutneypotatis

för 4

Ingredienser

100 g korianderblad, fint hackade

4 gröna chili

1 tum ingefära rot

7 vitlöksklyftor

25g färsk kokos, riven

1 msk citronsaft

1 tsk spiskummin

1 tsk korianderfrön

½ tsk gurkmeja

½ tsk chilipulver

salt att smaka

750g/1lb 10oz stor potatis, skalad och skivad

4 matskedar raffinerad vegetabilisk olja

¼ tsk senapsfrön

metod

- Blanda i korianderblad, grön chili, ingefära, vitlök, kokos, citronsaft, spiskummin och korianderfrön. Mal denna blandning till en fin pasta.
- Blanda denna pasta med gurkmeja, chilipulver och salt.
- Marinera potatisen med denna blandning i 30 minuter.
- Hetta upp oljan i en kastrull. Tillsätt senapsfröna. Få dem att stamma i 15 sekunder.
- Tillsätt potatisen. Koka dem på låg värme i 8-10 minuter, rör om då och då. Servera varm.

lobia

(Black Eyed Peas Curry)

för 4

Ingredienser

400 g svartögda ärtor, blötlagda över natten

Nypa bikarbonat läsk

salt att smaka

1,4 liter / 2½ pints vatten

1 stor lök

4 vitlöksklyftor

3 msk ghee

2 tsk mald koriander

1 tsk malen spiskummin

1 tsk amchor*

½ tsk garam masala

½ tsk chilipulver

¼ tsk gurkmeja

2 tomater, tärnade

3 gröna chili, finhackad

2 msk korianderblad,

finhackat

metod

- Blanda de svartögda ärtorna med bakpulver, salt och 1,2 liter vatten. Koka denna blandning i en kastrull på medelhög värme i 45 minuter. Häll av och ställ åt sidan.
- Mal lök och vitlök till en pasta.
- Hetta upp ghee i en kastrull. Tillsätt pastan och stek på medelvärme tills den är brun.
- Tillsätt de kokta svartögda ärtorna, det återstående vattnet och alla övriga ingredienser utom korianderbladen. Sjud i 8-10 minuter.
- Garnera med korianderbladen. Servera varm.

Khatta Meetha Grönsaker

(söta och sura grönsaker)

för 4

Ingredienser

1 msk mjöl

1 msk maltvinäger

2 msk socker

50 g vitkål, finhackad i långa strimlor

1 stor grön paprika, skuren i strimlor

1 stor morot, skuren i strimlor

50 g franska bönor, putsade och hackade

100 g babymajs

1 msk raffinerad vegetabilisk olja

½ tsk ingefärspasta

½ tsk vitlökspasta

2-3 gröna chili, finhackad

4-5 vårlökar, fint hackade

125 gram tomatpuré

120ml/8fl oz ketchup

salt att smaka

10 g korianderblad, fint hackade

metod

- Blanda mjöl med vinäger och socker. Lägg åtsidan.
- Blanda samman kål, grön paprika, morot, franska bönor och babymajs. ånga (se matlagningstekniker) denna blandning i en ångkokare i 10 minuter. Lägg åtsidan.
- Hetta upp oljan i en kastrull. Tillsätt ingefärspasta, vitlökspasta och chili. Stek i 30 sekunder.
- Tillsätt vårlöken. Stek i 1-2 minuter.
- Tillsätt de ångade grönsakerna och tomatpurén, ketchupen och saltet. Koka på låg värme i 5-6 minuter.
- Tillsätt mjölpastan. Koka i 3-4 minuter.
- Garnera med korianderbladen. Servera varm.

Dahiwale Chhole

(kikärter i yoghurtsås)

för 4

Ingredienser

500 g kikärter, blötlagda över natten

Nypa bikarbonat läsk

salt att smaka

1 liter / 1¾ pints vatten

3 msk ghee

2 stora lökar, rivna

1 tsk ingefära, riven

150 gram yoghurt

1 tsk garam masala

1 tsk malen spiskummin, torrrostad (se matlagningstekniker)

½ tsk chilipulver

¼ tsk gurkmeja

1 tsk amchor*

½ msk cashewnötter

½ msk russin

metod

- Blanda kikärtorna med bakpulver, salt och vatten. Koka denna blandning i en kastrull på medelhög värme i 45 minuter. Häll av och ställ åt sidan.
- Hetta upp ghee i en kastrull. Tillsätt lök och ingefära. Stek på medelvärme tills löken är genomskinlig.
- Tillsätt kikärtorna och resten av ingredienserna förutom cashewnötterna och russinen. Blanda väl. Koka på låg värme i 7-8 minuter.
- Garnera med cashewnötter och russin. Servera varm.

Teekha Papad Bhaji*

(kryddig poppadam-rätt)

för 4

Ingredienser

1 msk raffinerad vegetabilisk olja

¼ tsk senapsfrön

¼ tsk spiskummin

¼ tsk bockhornsklöverfrön

2 tsk mald koriander

3 tsk socker

salt att smaka

250 ml/8 flodvatten

6 poppadams, delade i bitar

1 msk korianderblad, hackade

metod

- Hetta upp oljan i en kastrull. Tillsätt senap, spiskummin och bockhornsklöverfrön, mald koriander, socker och salt. Få dem att stamma i 30 sekunder. Tillsätt vatten och låt sjuda i 3-4 minuter.
- Lägg till poppadam-bitarna. Sjud i 5-7 minuter. Garnera med korianderbladen. Servera varm.

www.ingramcontent.com/pod-product-compliance
Lightning Source LLC
Chambersburg PA
CBHW050022130526
44590CB00042B/1619